权威解读

中华人民共和国
公共图书馆法
学习问答

《中华人民共和国公共图书馆法学习问答》编写组
编 著

中国法制出版社
CHINA LEGAL PUBLISHING HOUSE

编委会成员：

朱　兵（全国人大教科文卫委员会文化室主任）

孙　雷（全国人大教科文卫委员会文化室副主任）

张永新（文化和旅游部政策法规司司长）

李　宏（文化和旅游部公共服务司司长）

饶　权（国家图书馆馆长）

韩永进（全国人大教科文卫委员会委员）

王建华（文化和旅游部政策法规司副司长）

陈彬斌（文化和旅游部公共服务司副司长）

白雪华（文化和旅游部公共服务司副司长）

撰稿人：

陈　力　汪东波　申晓娟　冯守仁　吴建中　吕　芳

柯　平　李国新　贾旭东　方家忠　范并思　巫志南

李东来　金武刚　李　丹　张若冰　张孝天　刘宇初

贾东琴　彭琳彦　谭丽琼　陈丽纳　何　虹　曲　蕴

马　春　蔡　冰　钟敬忠　莫启仪　李晓辉

编委会工作人员：

温　泉　李婧一　肖谋用　王晓松　石钢斌　张　剑

王珊珊　刘惟杰　吴潇潇　荆倩金　范世琦　杨　腊

目　录

导　读

第一章　总　则

第二章　设　立

第三章 运　行

第四章　服　　务

第五章　法律责任

第六章　附　　则

导 读

1. 制定公共图书馆法的重要意义主要体现在哪些方面？

《中华人民共和国公共图书馆法》是党的十九大胜利召开以后文化领域出台的第一部法律，也是继《中华人民共和国公共文化服务保障法》颁布以来我国文化领域法治建设的又一重大突破，弥补了我国图书馆行业国家立法长期缺失的遗憾。法律的颁布，充分体现了党和国家全面依法治国，带领人民“建设学习大国”“满足人民日益增长的美好生活需要”“决胜全面建成小康社会”“实现中华民族伟大复兴”的责任担当。

公共图书馆法是以宪法为核心的中国特色社会主义法律体系的重要组成部分。公共图书馆是体现社会公平正义的公共服务事业，也是国家文化软实力的重要组成部分。通过立法，明确政府在公共图书馆事业发展中的主体责任，保障全体社会公众平等、免费地获取公共图书馆服务，是世界许多国家的通行做法。我国宪法规定，国家发展图书馆等文化事业，明确了图书馆在国家文化事业中的重要地位。公共图书馆法在对中华人民共和国成立以来有关公共图书馆事业发展的理论研究、实践经验和制度建设成果进行全面总结和系统梳理的基础上，将党中央关于实施文化强国战略和科技创新战略，加快构建现代公共文化服务体系，传承弘扬中华优秀传统文化的方针政策转化为国家意志，体现在法律中，对公共图书馆的设施建设、运行方式、服务提供、管理制度和保障机制等作出了具体规定，使宪法确立的社会主义文化事业发展原则和任务在公共图书馆领域得以贯彻落实，是全面依法治国背景下推动我国公共图书馆事业加快实现专业化、体系化、现代化发展的根本遵循。

公共图书馆法突出强调了我国公共图书馆事业发展的根本宗旨和前进方向。党的十九大报告指出："发展中国特色社会主义文化，就是以马克思主义为指导，坚守中华文化立场，立足当代中国现实，结合当今时代条件，发展面向现代化、面向世界、面向未来的，民族的科学的大众的社会主义文化，推动社会主义精神文明和物质文明协调发展。要坚持为人民服务、为社会主义服务，坚持百花齐放、百家争鸣，坚持创造性转化、创新性发展，不断铸就中华文化新辉煌。"公共图书馆法明确了我国公共图书馆事业发展应当坚持社会主义先进文化前进方向，坚持以人民为中心，坚持以社会主义核心价值观为引领，传承发展中华优秀传统文化，弘扬革命文化，发展社会主义先进文化，集中而鲜明地体现了党的十九大关于新时代发展中国特色社会主义文化的宗旨和要求。

公共图书馆法明确了发展公共图书馆事业在解决新时代

我国社会主要矛盾中所承担的重要任务。党的十九大报告指出：“新时代我国社会主要矛盾是人民日益增长的美好生活需要和不平衡不充分的发展之间的矛盾，必须坚持以人民为中心的发展思想，不断促进人的全面发展、全体人民共同富裕。”报告同时又指出：“满足人民过上美好生活的新期待，必须提供丰富的精神食粮。”“十一五”以来，我国公共图书馆事业取得了长足进步，覆盖城乡、便捷实用的公共图书馆设施网络已经基本建成，公平、免费的现代图书馆服务理念日益深入人心，一批规模宏大、设施先进、布局合理、服务一流的现代化馆舍陆续建成开放，成为人们心向往之的城市公共文化空间，公共图书馆建设、管理与服务领域越来越多的中国经验在国际图书馆界得到认可。但与此同时，公共图书馆事业发展不平衡不充分的矛盾仍然较为突出，特别是在城乡基层和中西部偏远贫困地区仍然存在设施建设的空白，一些公共图书馆的管理运行经费及专业人才缺乏可持续保障，服务功能和作用得不到充分发挥，服务效能和服务质量还没有获得人民群众的充分肯定。公共图书馆法将保障公民基本文化权益作为立法宗旨，并对上述问题给予了积极回应，作出了包括因地制宜建立县级公共图书馆总分馆体系、应用现代技术提升公共图书馆服务效能、扶持老少边穷地区公共图书馆事业发展等一系列制度安排，为把各级公共图书馆发展成为满足人民日益增长的美好生活需要、获取丰富精神食粮的重要阵地，提供了根本保障。

公共图书馆法为激活各类社会主体参与公共图书馆建设

作出了全面系统的制度安排。党的十七届六中全会专门研究部署深化文化体制改革，确立了在政府主导的前提下促进公共文化服务社会化发展的基本格局，明确通过政府采购、项目补贴、定向资助、贷款贴息、税收减免等政策措施，鼓励社会力量参与公共文化服务体系建设的总体思路。2016 年 12 月，公共文化服务保障法进一步将国家鼓励和支持社会力量全面参与公共文化服务上升为法定原则。近年来，在国家各项法律、政策的支持和鼓励下，社会力量参与公共图书馆建设的热情日益高涨，参与形式日益多样，各地区在有关支持和鼓励政策的制定和执行方面积极探索，不断推进政府购买公共图书馆服务、委托管理运营、公共图书馆志愿者服务等领域制度创新，积累了许多成功经验。公共图书馆法在充分调研论证的基础上，对这些经验进行提炼升华，以国家法律的形式予以明确，从渠道支持、政策优惠、考评监督等方面为社会力量参与公共图书馆服务建立了全方位的法律保障，为进一步激发各类社会主体参与公共图书馆事业发展的积极性，持续增强公共图书馆事业发展活力提供了法律依据。

公共图书馆法还在历史上第一次通过法律形式对国家图书馆的职能、任务进行了明确界定。国家图书馆是一种特殊类型的图书馆，有着不同于一般图书馆的特殊地位和重要职能，被称为“图书馆的图书馆”，对所在国家的文化遗产承担着特殊的传承职责，并为国家立法活动、政府决策等提供文献信息及研究参考服务。在公共图书馆法中明确国家图书馆“重点承担国家文献战略保存、编制国家书目和联合目录、为国家立法和政府决策服务、建设国家数字图书馆、组织全国古籍保护工作、开展图书馆发展研究、为其他图书馆提供业务指导和技术支持等职能”，同时建立法定出版物交存制度，规定出版单位应当向国家图书馆交存正式出版物，这一做法既符合国际惯例，也符合时代发展对国家图书馆的要求，体现了党和政府通过支持和保障国家图书馆建设，从全局高度加强我国图书馆事业的规划管理，推动全国图书馆事业发展水平整体提升的战略意识，为国家图书馆在新时代继续秉承“传承文明，服务社会”的宗旨奋勇前行提供了坚强保障。

2. 公共图书馆法的立法基础如何？

我国在建设现代化公共图书馆的进程中，有关公共图书馆法治建设的研究和实践持续推进，制定国家层面的公共图书馆法已经具有了较为坚实的基础，主要表现在研究基础、事业发展基础、政策基础、地方立法实践基础等四个方面。

（一）研究基础

当代中国的图书馆法治研究始于 20 世纪 80 年代初，三十多年来，图书馆业界对这一问题的研究不断深入。2008 年 11 月，原文化部[①]召开公共图书馆法立法工作会议，明确了

① 2018 年，根据《中共中央关于深化党和国家机构改革的决定》和《深化党和国家机构改革方案》的要求，国务院组建文化和旅游部，不再保留文化部、国家旅游局。

根据全国人大常委会立法规划的图书馆法从制定公共图书馆法做起。与此同时，原文化部组织各方面专家，围绕公共图书馆法涉及的基本问题和重要制度，深入开展立法支撑研究。以此为契机，学术界有关公共图书馆领域的立法研究也日益升温。到目前，在国内公开发表的专业期刊论文、博硕士论文、会议论文中，与图书馆立法有关的已超过1600篇，其中专门研究公共图书馆立法相关的论文约有800余篇，此外还有《国外图书馆法律选编》《国外公共图书馆法研究》《公共图书馆文献资源建设法律保障研究》《公共图书馆建设主体研究》等国内外图书馆法规、文件汇编、图书馆法治问题专门的研究专著，等等。

图书馆界的专家学者对国内和国外的图书馆立法实践进行了深入考察、比较和研究，取得了大量有价值的理论研究成果，主要体现在以下几个方面：一是翻译国外图书馆专门法律法规以及条例标准、宣言声明等规范性文件，并对国外图书馆立法现状及相关论文进行了梳理总结，为中国图书馆法治研究和立法实践提供了国际参照。二是厘清中国自近代以来图书馆事业制度、政策建设层面的主要成就和发展特点，为公共图书馆立法提供了坚实的制度建设基础。三是对公共图书馆立法的框架结构、基本理念、主要内容、根本原则以及重点问题进行了较为全面的分析研究，围绕立法工作的现实需求，为公共图书馆立法涉及的各个方面提供重要的思想、理论和学术支撑。

（二）事业发展基础

中华人民共和国成立后，特别是改革开放以来，在党和政府的高度重视和社会主义文化事业繁荣发展的大背景下，我国公共图书馆事业得到迅速发展，成就显著。2011 年免费开放政策全面推行后，到 2011 年年底全国 2952 个公共图书馆全部实现了无障碍、零门槛进入，公共空间设施场地全部免费开放，所提供的基本服务项目全部免费。截至 2017 年年底，我国共有县级以上独立建制的公共图书馆 3166 个，全国县以上公共图书馆实际建筑面积 1515 万平方米，阅览室坐席数 106.42 万个，供读者使用的电子阅览终端 14.42 万台；馆藏总量 96953 万册；总流通人次 74450 万，书刊文献外借册次 55091 万；2017 年全年共举办各种社会教育活动 15.56 万次，参加人次 8856.76 万。

各级公共图书馆通过收集、整理、保存文献信息，提供文献信息查询、借阅等服务，开放公共空间设施场地，开展公益性讲座、阅读推广、培训、展览等方式积极发挥功能，为经济社会发展和国民素质提升作出了重要贡献。公共图书馆事业的快速发展，为法律的出台提供了现实需求和可能。

（三）政策基础

党的十九大报告指出，全面依法治国是中国特色社会主义的本质要求和重要保障。依法治国体现到图书馆事业上，就是用法律来保障和规范图书馆事业的发展，以法律的权威和力量来调整、规范与图书馆事业发展相关的各种关系，这是公共图书馆立法的宪法基础和宪法要求。

中华人民共和国成立以来，我国陆续颁布了一批有关公共图书馆的规章制度和政策文件，从不同角度对公共图书馆建设作出了一定程度的规范，主要包括：《省（市）级图书馆试行条例（草案）》(1953年7月)、《文化部关于加强与改进公共图书馆工作的指示》(1955年7月)、《关于补充省(直辖市）图书馆藏书的试行方法》(1955年11月)、《全国图书协调方案》(1957年9月)、《省、市、自治区图书馆工作条例（试行草案)》(1978年11月)、《图书馆工作人员职称条例》(1980年4月)、《图书馆工作汇报提纲》(1980年8月)、《省、市、自治区图书馆工作条例（试行草案)》(1981年2月)、《省（自治区、市）图书馆工作条例》(1982年12月)、《关于改进和加强图书馆工作的报告》(1987年3月)，等等。

21世纪以来，特别是党的十六大以来，党和政府进一步加大对公共文化事业的政策支持力度，制定了一系列公共文化服务领域的方针政策，也深刻影响着公共图书馆的发展建设，明确了公共图书馆的公益属性、社会功能、保障措施和改革方向。2003年，《公共文化体育设施条例》颁布实施，对包括图书馆在内的公共文化体育设施的规划与建设、使用与服务、保护与管理等内容作出规范。2011年，原文化部、财政部出台《关于推进全国美术馆公共图书馆文化馆（站）免费开放工作的意见》，确定实施公共图书馆的免费开放制度。2015年，中共中央办公厅、国务院办公厅印发《关于加快构建现代公共文化服务体系的意见》，对图书馆等公共文化服务机构提出了总体要求和目标任务，就促进城乡基本公共文化服务均等化等重点问题部署了一系列重要的政策措施，为公共图书馆事业的建设发展指明了方向。2017 年，公共文化服务保障法正式颁布实施，全面构筑了我国公共文化服务法律制度体系的基本框架，对图书馆法治建设具有重要意义。此外，近年来随着党和政府对图书馆事业发展的日益高度重视，图书馆事业被连续纳入国民经济发展五年规划，图书馆行业主管部门、图书馆行业组织和各类型图书馆也纷纷出台图书馆事业发展专项规划，原文化部等部门还就公共图书馆建设中的一些热点问题、重点工作出台了相应的指导性政策文件，如关于古籍保护、少年儿童图书馆建设、数字图书馆推广工程建设、公共电子阅览室建设、总分馆制建设等，这些也为公共图书馆法的制定提供了良好的政策基础。

（四）地方立法实践

地方公共图书馆立法为制定国家层面的公共图书馆法奠定了实践基础，起到了探索路径、积累经验的积极作用。截至目前，共颁布地方性图书馆法规 6 部，包括《深圳经济特区公共图书馆条例（试行）》(1997 年 7 月)、《内蒙古自治区公共图书馆管理条例》(2000 年 8 月)、《湖北省公共图书馆条例》(2001 年 7 月)、《北京市图书馆条例》(2002 年 7 月)、《四川省公共图书馆条例》(2013 年 7 月)、《广州市公共图书馆条例》(2015 年 1 月)。除《北京市图书馆条例》外，其余均为公共图书馆立法。20 世纪 80 年代中期以来颁布的地方政府图书馆规章 8 部，包括《贵州省县级图书馆工作条例》

(1985年)、《河南省公共图书馆管理办法》(2002年7月)、《浙江省公共图书馆管理办法》(2003年8月)、《深圳市福田区公共图书馆管理办法》(2006年8月)、《乌鲁木齐市公共图书馆管理办法》(2008年2月)、《山东省公共图书馆管理办法》(2009年4月)、《上海市公共图书馆管理办法》(2015年5月修订)、《东莞公共图书馆管理办法》(2016年12月)。

综合来看，地方性公共图书馆法律规章的规定内容和法律效力等不尽相同，但总体均涵盖了公共图书馆的设立、管理、资源、服务、法律责任等内容，对公共图书馆事业发展的主要问题和基本制度作出了明确规定。地方性公共图书馆法律规章颁布后，由当地文化主管部门统筹部署并组织安排系列宣传推广工作，采取组织活动、媒体宣传、课题研究等各类形式保障推广效果。地方性公共图书馆法律规章在不同程度上推动了图书馆事业的持续发展，但在实施过程中仍暴露出执法不严、与地方实际相脱节等问题，有待进一步改进和完善。长远来看，通过全国性的公共图书馆立法，明确规定各级政府在公共图书馆事业建设中的主体地位和法定责任，使政府对公共图书馆的财政投入法定化、服务保障均等化，是促进公共图书馆事业健康发展、实现政府公共文化服务职能的重要保证。

3. 国际范围内有关图书馆的立法情况如何?

综观世界图书馆事业发展现状，凡是图书馆事业繁荣发达的地方，其图书馆法律保障体系一般都较为完备。图书馆法一般是由国家立法机关制定或认可的有关图书馆事业和图书馆活动的专门法规，是建立与管理图书馆、制定图书馆行政法规和规章制度的总依据。综观各国图书馆领域立法总体情况，总体包括综合性图书馆法、国家图书馆法、公共图书馆法、学校图书馆法等专门图书馆立法，此外另有出版物缴送法、版权法、教育法等涉及图书馆领域的相关立法。

（一）图书馆专门立法

综合性图书馆法是由国家立法机关制定或者认可的有关图书馆事业和图书馆活动的法规政策，其主体包括各级各类图书馆，是具有普遍性适用性的图书馆法规，例如，《芬兰图书馆法》《克罗地亚图书馆法》《关于德意志图书馆的法令》《墨西哥图书馆法》《韩国图书馆振兴法》等。

国家图书馆法是专门为国家图书馆设立的法规，对于指导国家图书馆完成收集、保存、提供、利用国家文献遗产和提高国家文献遗产意识具有重要规范作用，目前南非、菲律宾、英国、法国、韩国、马来西亚、伊朗、伊拉克、爱沙尼亚、波兰、捷克、斯洛文尼亚、加拿大、澳大利亚等多个国家均制定了国家图书馆法，美国《国会图书馆法》、日本《国立国会图书馆法》等亦属此类法令。

公共图书馆法一般由国家或地方政府制定，制定目的在于规范公共图书馆的行为，保障图书馆为社会公众服务的职能。世界上许多国家很早就制定有公共图书馆法，例如，1848 年美国马萨诸塞州议会通过的在波士顿市建立公共图书馆的法案，是世界上第一部地方性公共图书馆法；1850 年英国议会通过了世界上第一部全国性图书馆法律——《公共图书馆法》；加拿大安大略省 1966 年通过《公共图书馆法》，力推公共图书馆的馆际协作与联合。目前，爱尔兰、比利时、挪威、波黑、捷克、保加利亚、乌干达和巴巴多斯等国家也制定了本国的公共图书馆法。

除上述类型法律之外，一些国家根据本国国情和需求，还制定了专门的图书馆法，以满足特殊群体的需求或规范图书馆在某一领域的工作，如南非的《南非盲人图书馆法》、日本的《学校图书馆法》、挪威的《学校公共图书馆法》、美国的《医学图书馆援助法》等均是为了满足本国或本地区的特殊需求而制定的法规。

（二）图书馆相关法

出版物缴存法是保障图书馆收集和保存本国文化遗产的重要法规，其中所涉及的缴存义务、缴存程序等内容为图书馆合法获取出版物提供了法律保障，英国的《法定缴存图书馆法》、挪威的《文献法定呈缴法》《文献法定呈缴条例》、丹麦的《出版物法定呈缴法》等均属于出版物缴存法的范畴。

版权法为图书馆文献资源的合理使用以及复制行为等确立了法律依据，同时也为图书馆建设数字馆藏与开展数字化服务提供了法律保障。例如，美国《版权法》规定，为了批评、评价、新闻报道、教学（包括用于课堂的多件复制品）、学术或研究目的而使用版权作品的，包括制作复制品、录音制品或以该条规定的其他方法使用作品，是合理使用，不视为侵犯版权的行为。此外，德国、法国、澳大利亚、加拿大、日本、新加坡等国的版权法中也对图书馆的版权保护及使用问题作出了明确规定。

教育法一般包括高等教育法和中小学教育法，为高校图书馆及中小学图书馆发展提供了立法保障和支持。例如，美国《高等教育法》强调为高校图书馆发展提供充足的资金，包括为高校图书馆购买书籍和资料提供资金补助，为增加学院图书管理员和发展新技术提供培训资助，为国会图书馆编目服务提供小额资金援助，等等。美国《中小学教育法》规定联邦政府要为各州的公立、私立中小学校采购图书、教科书及其他教学资料提供资金，极大地推动了美国中小学图书馆的发展。

从立法内容上看，虽然各国图书馆立法情况各有不同，但总体包括以下几点内容：（1）关于图书馆事业发展的原则、目的的规定；（2）关于图书馆性质、地位和社会职能的规定；（3）关于图书馆与人口数量比例的规定；（4）关于图书馆事业管理体制、组织机构的规定；（5）关于图书馆人员编制、人员结构、业务素质、待遇的规定；（6）关于馆长的职责、条件、任免程序的规定；（7）关于图书馆藏书资源的建设与布局的规定；（8）关于图书馆服务的主要方式和各项服务标准的规定；（9）关于图书馆建筑设备的规定；（10）关于图书馆业务技术标准的规定；（11）关于各类型图书馆发展与布局的规定；（12）关于图书馆经费及其来源的规定；

（13）关于图书馆协作、网络建设和资源共享的规定。

4. 制定公共图书馆法经历了怎样的过程？

我国最早于2001年年初提出图书馆立法工作，2008年正式启动公共图书馆法立法，到2017年11月4日法律草案经全国人大常务委员会表决通过并最终颁布，前后经历了16年时间，主要经历了四个阶段。

第一阶段，研究酝酿阶段

早在20世纪90年代初，原文化部和中国图书馆学会等团体就开始研究推进图书馆法立法工作。2001年4月，原文化部在天津召开图书馆法专家座谈会，听取图书馆界专家及政府有关主管部门负责同志对图书馆立法工作的意见和建议，宣告图书馆法立法工作正式启动；中国图书馆学会也于2001年8月成立法律工作委员会，组织专家、学者围绕图书馆立法工作进行专题研究。在此基础上，原文化部牵头起草了《中华人民共和国图书馆法（送审稿）》，于2003年6月报请原国务院法制办[①]审议。此后，该项立法工作虽然一度中断，但仍然得到国务院有关部门的高度重视。在2004年印发的《关于制定我国文化立法十年规划（2004—2013）的建议》中，图书馆法被列入前五年立法规划；2006年9月，中

① 2018年，根据《中共中央关于深化党和国家机构改革的决定》和《深化党和国家机构改革方案》的要求，国务院将司法部和国务院法制办公室的职责整合，重新组建司法部，作为国务院组成部门，不再保留国务院法制办公室。

宣部再次将“抓紧研究制定图书馆法”纳入《国家“十一五”时期文化发展规划纲要》；2008 年 10 月，图书馆法进一步被列入十一届全国人大常委会立法规划，确定为二类立法项目，即“研究起草、条件成熟时安排审议的法律草案”。但是，由于各类型图书馆分属不同部门管理，各有其不同的发展规律和特点，经过一段时间的研究和讨论，有关方面一致认为，在目前的管理体制下，制定跨系统图书馆法的时机尚未成熟。为此，原文化部于 2008 年提出首先针对公共图书馆进行立法的工作思路，得到原国务院法制办和全国人大常委会等有关部门的认可。

第二阶段，调研起草阶段

2008 年 11 月，原文化部在北京召开公共图书馆法立法工作会议，决定由中国图书馆学会和国家图书馆牵头，协调和组织全国图书馆界力量，围绕公共图书馆法涉及的基本问题和重要制度，深入开展立法支撑研究。2009 年 1 月，中国图书馆学会在北京召开 2009 年新年峰会，专题部署该项支撑研究工作，确立了公共图书馆的功能定位、公共图书馆的设置与建设主体、公共图书馆管理体制、公共图书馆绩效评估、公共图书馆人财物保障、公共图书馆文献信息资源建设、读者权益保护、数字图书馆建设等 11 个研究专题。2009 年 7 月，各专题组完成 150 余万字调研成果，提交原文化部，为法律的框架体系设计和条文起草提供思想理论及技术方法等方面的参考支撑。

在上述立法支撑研究工作的基础上，原文化部于 2009 年

11月完成公共图书馆法初稿，经多次讨论修改，于2010年3月形成公共图书馆法第一次征求意见稿，面向国家发展改革委、财政部、人社部、新闻出版总署等有关部门征求意见。2011年2月，根据各相关部门建议，修改形成公共图书馆法第二次征求意见稿，进一步面向国家图书馆等实践单位征求意见。同年6月，全国人大教科文卫委员会专门听取原文化部关于公共图书馆法制定情况的工作汇报，并对文本的修改完善提出了明确要求和建议。9月，原文化部会同全国人大和原国务院法制办，先后赴广东、湖北等地调研，针对立法中涉及的重点、难点问题进行实地考察和专题座谈。11月，原文化部根据反馈意见及调研情况，对第二次征求意见稿进行了进一步修改完善，形成公共图书馆法（草案送审稿），经原文化部部务会原则通过，于12月21日报送原国务院法制办审议。草案送审稿包括总则、设立与职能、文献信息资源建设、服务与管理、法律责任及附则六章，共四十六条。

第三阶段，修改完善阶段

2012年1月，原国务院法制办就公共图书馆法（草案送审稿）在全国公开征求意见，获得积极响应，共征集到来自最高人民法院、国家发展改革委、财政部、国土资源部、住建部、商务部、国家民委等国家机关，新华社等出版传媒机构，国家图书馆及各级公共图书馆，以及北京大学、武汉大学、南开大学等科研教育机构的意见266条。2013年年初，针对公共图书馆法立法进程及其中涉及的重点问题，原文化部先后向原国务院法制办、全国人大法律工作委员会、教科文卫委员会等部门作专门汇报。2013 年 12 月，公共图书馆法被列入十二届全国人大常委会立法规划，确定为一类立法项目，即“条件比较成熟、任期内拟提请审议的立法项目”。

此后，根据各方面反馈意见，原文化部配合原国务院法制办，先后组织有关部门负责同志赴浙江、上海（2013 年 11 月），山东、四川（2014 年 2 月），贵州（2015 年 6 月）等地开展实地调研，同时委托国家图书馆研究院，组织专家开展专题研究，对草案送审稿进行修改完善。修改重点包括：增强政府对公共图书馆事业发展的规划管理职能，明确公共图书馆的职能任务，突出对读者权益的保障，建立国家出版物呈缴制度，支持和鼓励社会力量参与公共图书馆事业发展，推进总分馆制建设、建立健全公共图书馆法人治理结构等。2014 年 8 月，修改后的公共图书馆法草案再次提交原国务院法制办，并根据法制办意见作了进一步修改。

2015 年 1 月，中共中央办公厅、国务院办公厅联合印发《关于加快构建现代公共文化服务体系的意见》，为进一步吸收国家有关法律和政策法规精神，完善公共图书馆法草案文本，原文化部于 2015 年 2 月组织国家图书馆、中国政法大学、国家行政学院三个课题组，分别对草案进行研究修改。

2015 年 11 月，正式形成《中华人民共和国公共图书馆法（征求意见稿）》，报送原国务院法制办，并由原国务院法制办于 2015 年 12 月 9 日正式面向全国征求意见。草案包括总则、设立、运行、服务、法律责任及附则六章，共四十二条。截至2016年1月上旬，共征集到国务院各部门、各省（自治区、直辖市），以及各级图书馆、图书馆学教育科研机构及个人意见778条。根据上述意见，2016年2月，原文化部针对公共图书馆法征求意见稿中各条款中涉及的重点概念、问题进行梳理，委托国家图书馆研究院提供详尽解释、说明，并对征求意见稿进行修改，形成《中华人民共和国公共图书馆法（送审稿）》。2016年4月，原国务院法制办教科文卫司司务会对送审稿进行审议，就公共图书馆免费开放、出版物呈缴、教育科研机构图书馆面向社会开放、公共图书馆文献处置制度等六个方面问题提出进一步修改建议，并请原文化部提供关于图书馆行业组织基本情况、文献信息处置制度的基本框架和主要内容、公共图书馆法人治理结构建设相关材料、不依托实体机构或设施开展服务的网络数字图书馆等方面材料。在此基础上，原国务院法制办会同原文化部，对送审稿反复研究、修改，形成《中华人民共和国公共图书馆法（草案）》。草案包括总则、设立、运行、服务、法律责任及附则六章，共四十四条。

2017年4月19日，国务院总理李克强主持国务院常务委员会，讨论通过《中华人民共和国公共图书馆法（草案）》，决定将草案提请全国人大常委会审议。

第四阶段，全国人大常委会审议阶段

2017年6月22日，十二届全国人大常委会第二十八次会议开始对草案进行首次审议，原文化部部长雒树刚做法律草案说明。会后，全国人大常委会法制工作委员会将草案印发各省（区、市）、部分设区的市、基层立法联系点和中央有关部门、单位等征求意见，并面向社会公众征求意见。法律委员会、法制工作委员会还到一些地方调研，并就草案中的主要问题与有关部门交换意见，共同研究。6 月 30 日，法律委员会、教育科学文化卫生委员会和法制工作委员会联合召开座谈会，听取部分全国人大代表和有关部门、专家、图书馆负责人等的意见。9 月 29 日，法律委员会召开会议，根据常委会组成人员的审议意见和各方面意见，对草案进行了逐条审议，对草案提出了具体修改意见。10 月 11 日，法制工作委员会召开会议，邀请部分全国人大代表、全国政协委员、专家和公共图书馆、主管部门等的代表就草案中主要制度规范的可行性、出台时机、实施的社会效果和可能出现的问题等进行评估，认为草案经过修改，充分吸收了各方面意见，进一步增强了时代性和专业性，主要制度规范符合公共图书馆事业发展实际，具有较强的针对性和可操作性，已经比较成熟，建议尽快审议通过。

2017 年 11 月 1 日，十二届全国人大常委会第三十次会议对《中华人民共和国公共图书馆法（草案二次审议稿）》进行分组审议，建议进一步修改后，提请本次会议通过。法律委员会于 11 月 2 日上午召开会议，逐条研究常委会组成人员的审议意见，对草案进行审议，教育科学文化卫生委员会、原国务院法制办公室、原文化部的负责同志列席会议。会议就公共图书馆法立法宗旨，省级公共图书馆接受出版物呈缴权利，公共图书馆平等、开放、共享服务理念，公共图书馆全民阅读服务举措，读者义务、法律责任等方面提出修改建议。11 月 4 日，《中华人民共和国公共图书馆法》经常委会全体会议表决通过，决定自 2018 年 1 月 1 日起施行。最终颁布法律文本包括总则、设立、运行、服务、法律责任及附则六章，共五十五条。

5. 制定公共图书馆法秉持什么样的总体思路？

制定公共图书馆法主要秉持以下总体思路：

一是深入贯彻落实党的十九大精神，将党中央关于加强公共文化服务体系建设的大政方针转化为国家意志体现在法律中，指导公共图书馆事业发展建设。党的十九大报告中专章论述“坚定文化自信，推动社会主义文化繁荣兴盛”，传承人类文明、坚定文化自信是公共图书馆兴办的重要使命。为此，公共图书馆法明确公共图书馆是社会主义公共文化服务体系的重要组成部分，应当坚持以社会主义核心价值观为引领，传承发展中华优秀传统文化，继承革命文化，发展社会主义先进文化，将公共图书馆事业发展方向同党中央的大政方针相结合，用法律条文形式固定下来，确保公共图书馆事业健康有序发展。

二是坚持以人为本，切实保障公民基本文化权益。党的十九大报告中指出，当前我国社会主要矛盾已经转化为人民日益增长的美好生活需要和不平衡不充分的发展之间的矛盾。公共图书馆立法就是为了满足人民过上美好生活的新期待，为了解决公共图书馆事业发展不平衡不充分的问题，更好地保障公民的文化权益。为此，公共图书馆法明确公共图书馆应当坚持以人民为中心，要向社会免费开放，遵循平等、开放、共享的服务原则，并通过数字化服务、自助服务、流动服务、建设总分馆制等方式为社会公众提供便捷优质服务，同时，针对未成年人、老年人、残疾人等特殊群体，将以人为本的理念实行法律化，充分体现人文关怀，促进公共图书馆更好满足公民多层次、全方位的文化需要。

三是坚持传承弘扬中华优秀传统文化。公共图书馆在中华优秀传统文化的保存保护、挖掘阐发、传播推广和展示利用方面一直发挥着积极作用。公共图书馆法明确要求公共图书馆要坚持传承发展中华优秀传统文化，将公共图书馆在古籍保护、研究、宣传和利用等方面担当的历史责任写入立法，在加强馆藏古籍保护的同时，通过多种方式加强古籍的整理出版、研究利用和宣传推广，让古籍里的文字活起来，让古籍负载着的中华优秀传统文化中的思想观念、人文情怀、道德规范化为时代精神，以更好推动中华优秀传统文化创造性转化、创新性发展。

四是坚持政府主导，明确政府在公共图书馆组织、管理、提供、保障等工作中的主体职责。公共图书馆所提供的服务大多数属于基本公共文化服务，根据公共文化服务保障法，提供基本公共文化服务是政府的重要职责。公共图书馆法明确将县级以上人民政府应当将公共图书馆事业纳入本级国民经济和社会发展规划，将公共图书馆建设纳入城乡规划和土地利用总体规划，政府设立的公共图书馆所需经费列入本级政府预算，由政府文化主管部门负责公共图书馆管理工作，将政府责任落到实处，切实保障公共图书馆服务体系建设。

五是鼓励社会力量广泛参与，坚持共建共享。推动公共图书馆社会化发展，增强公共图书馆发展动力，是公共图书馆服务体系建设的重要内容。通过制定公共图书馆法，确立公共图书馆建设主体多元化的法律地位，明确鼓励公民、法人和其他组织等社会力量自筹资金设立公共图书馆，并给予政策扶持；国家采取政府购买服务等措施，对社会力量设立的公共图书馆提供服务给予扶持；鼓励公民参与公共图书馆志愿服务。这些规定都将支持社会力量广泛参与公共图书馆建设，有力推动我国公共图书馆事业社会化发展。

六是综合借鉴现行政策和实践经验，确立公共图书馆的基本原则和保障制度，促进和规范公共图书馆事业体系化、制度化发展。法律的重要任务是确立发展原则和建立基本制度。公共图书馆法，一方面综合借鉴了现有行政法规、地方性图书馆法规以及国外图书馆立法中的有益经验，全面规范公共图书馆的设立、运行、服务和法律责任，提高法律的针对性和适用性；另一方面总结提炼了我国公共图书馆事业的实践经验，将改革开放以来我国各级各类图书馆在实践中产生的创新成果和成功经验以法的形式固化下来，体现传统图书馆服务向现代化转型的时代要求，增强法律的实践基础，以立法形式保障公共图书馆事业发展建设在法治的轨道上稳步发展。

6. 公共图书馆法有哪些主要特点?

公共图书馆法共六章五十五条。第一章为总则，主要规定了立法宗旨，公共图书馆的定义、定位和发展方针，政府职责等宏观性问题；第二章为设立，主要规定了公共图书馆服务网络建设、公共图书馆设立条件、章程内容、登记管理制度、馆长和工作人员要求等问题；第三章为运行，主要规定了公共图书馆法人治理结构，公共图书馆文献信息收集、整理、保存，设施设备维护和使用，馆际交流与合作，总分馆制建设等问题；第四章为服务，主要规定了公共图书馆的服务要求和内容，政府设立的公共图书馆面向少年儿童、老年人、残疾人等群体开展服务，提供流动服务设施、自助服务设施等便捷服务等，以及对公共图书馆服务质量和水平进行考核等问题；第五章为法律责任，主要规定公共图书馆及其工作人员、出版单位、政府部门承担的法律责任以及违法需承担的相应后果，其他与公共图书馆有关的民事责任和刑事责任等；第六章为附则，规定了公共图书馆法的施行日期。

总体来看，公共图书馆法有如下主要特点：

第一，对公共图书馆概念的内涵和外延给出了明确的法律界定。本法规定，公共图书馆是指向社会公众免费开放，收集、整理、保存文献信息并提供查询、借阅及相关服务，开展社会教育的公共文化设施。该定义有三大特点：一是将公共图书馆纳入公共文化服务体系的范畴，明确公共图书馆是公共文化设施，体现了与公共文化服务保障法的协调；二是规定公共图书馆向社会公众免费开放，强调了公共图书馆的公益性；三是明确了公共图书馆的基本功能。此外，该定义没有将公共图书馆局限于政府设立的图书馆，社会力量兴办的公益性图书馆也被纳入公共图书馆的范畴，即公民、法人和其他组织建立的图书馆只要符合本法对公共图书馆的定义，符合本法规定的设立和运行条件，符合相关登记制度，就属于公共图书馆。将符合条件的社会力量兴办的图书馆纳入公共图书馆范畴，一方面是为了壮大公共图书馆事业的建设力量，另一方面也是为了规范和引导社会力量兴办的图书馆的发展。

第二，强调公共图书馆的公共性和公益性，保障公民基本文化权益。本法规定公共图书馆服务的原则为平等、开放和共享，公共图书馆需要向社会公众免费开放，免费的内容既包括阅览室、自习室等公共空间设施场地开放，也包括文献信息查询、借阅、公益性讲座、阅读推广、培训、展览等基本服务的提供，体现了对公民基本文化权益的保障。针对我国公共图书馆基层设施薄弱、城乡发展不均衡的现状，本法提出要建立覆盖城乡、便捷实用的公共图书馆服务网络，建立县级公共图书馆总分馆制，促进公共图书馆服务向城乡基层延伸。针对公共图书馆事业地区发展不均衡的现状，本法提出要重点扶持革命老区、民族地区、边疆地区、贫困地区公共图书馆事业发展，让人民群众共享文化改革发展成果。此外，本法还针对未成年人、老年人、残疾人等特殊群体的服务保障作了专门规定。

第三，确立了公共图书馆领域一系列重要制度。公共图书馆法确立了一系列重要的公共图书馆制度，包括：公共图书馆服务网络建设制度、文献信息收集制度、文献信息处置制度、出版物交存制度、免费开放制度、县级图书馆总分馆制度、法人治理结构建设制度、馆际交流制度、考核评价制度、人才与经费保障制度等，对于规范公共图书馆的管理运行具有十分重要的促进作用。以县级图书馆总分馆制度为例，本法明确了县级图书馆总分馆制度的建设主体为县级人民政府；规定了总分馆制度的运作机制，即县级公共图书馆为总馆，乡镇（街道）综合文化站、村（社区）图书室等为分馆或基层服务点；同时还规定了总分馆制实施的配套措施，包括完善数字化、网络化服务体系和配送体系。

第四，明确规定了政府在公共图书馆建设和管理中的主导角色。本法从多个角度确立了政府在公共图书馆事业发展中的主导地位，包括：（1）确立了政府在公共图书馆建设中的角色，本法规定县级以上人民政府应当设立公共图书馆，法律所谓的“应当”，就是“必须”，强调了政府对公共图书馆建设的法定义务，本法还规定了政府对公共图书馆建设需提供经费、人员等方面的保障；（2）确立了政府在公共图书馆管理方面的职责，本法规定各级政府文化主管部门负责公共图书馆的管理工作，政府其他相关部门参与公共图书馆的管理；（3）规定了政府在指导公共图书馆服务方面的职责，本法规定政府主导公共图书馆服务网络的建设，规定了政府部门在公示图书馆信息、制定公共图书馆服务规范、评估考核公共图书馆服务质量和水平等方面的责任。

第五，重视引导和鼓励社会力量参与公共图书馆建设。本法将符合条件的社会力量兴办的图书馆纳入公共图书馆的范畴，并规定政府应积极调动社会力量参与公共图书馆建设并给予政策扶持。鼓励社会力量参与公共图书馆建设的具体措施包括：鼓励公民、法人和其他组织自筹资金设立图书馆，对向公共图书馆的捐赠给予税收优惠，依法以捐赠者姓名、名称来命名文献信息专藏或者专题活动等，政府向公民、法人和其他组织购买公共图书馆服务，指导和支持公共图书馆的志愿服务等。这些规定，落实了中央推进公共文化服务社会化发展的要求，彰显了新时代公共图书馆的特点，成为本法一大亮点。

第六，重视公共图书馆与现代科技的融合，着力提升公共图书馆服务效能。公共图书馆法充分响应时代对公共图书馆的要求，重视发挥科技在公共图书馆建设、管理和服务中的作用，推动运用现代信息技术和传播技术提高公共图书馆的服务效能。具体包括构建标准统一、互联互通的公共图书馆数字服务网络，支持数字阅读产品开发和数字资源保存技术研究，推动公共图书馆利用数字化、网络化技术向社会公众提供便捷服务，加强数字资源建设、配备相应的设施设备，建立线上线下相结合的文献信息共享平台，加强流动服务和自助服务设施等。

7. 公共图书馆法与公共文化服务保障法是什么关系?

从法律关系来看，公共文化服务保障法与公共图书馆法属于一般法和特别法的关系。公共文化服务保障法是指导和规范公共文化领域的一部综合性、全局性、基础性的法律，为公共文化服务提供了基本的法律保障，确定了公共文化设施建设与管理、公共文化服务提供、保障措施等多方面的基本制度。公共图书馆法是公共文化领域中的一部有关公共图书馆的特别法，适用于“公共图书馆”这一特定对象，解决了公共文化服务保障法没有解决的公共图书馆专门问题。从法律优先级来看，根据《中华人民共和国立法法》(2015 年修订）的规定，同一机关制定的法律、行政法规、地方性法规、自治条例和单行条例、规章，特别规定与一般规定不一致的，适用特别规定。所以按照特别法优于一般法的适用原则，涉及公共图书馆的内容，应优先适用公共图书馆法。

从公共文化服务体系建设的角度看，两部法律均是公共文化服务法制化建设的重要成果，是公共文化服务法律体系的重要组成部分。公共文化服务保障法在整个法律体系中起基础和统领的作用，公共图书馆法不仅全面遵循公共文化服务保障法中的相关规定和要求，并且细化了公共文化服务保障法中基本制度。例如，公共文化服务保障法确立了公共文化设施的免费或优惠开放制度（第二十九条、第三十一条、第四十七条)，公共图书馆法对应确定了公共图书馆的免费开放制度，规定公共图书馆向社会公众免费开放，并免费向社会公众提供文献信息查询和借阅等服务（第二条、第三十三条）；公共文化服务保障法明确鼓励社会力量通过各种方式参与公共文化服务（第十三条、第二十五条、第四十二条、第四十三条、第四十九条、第五十条），公共图书馆法将向社会公众免费开放的社会力量兴办的图书馆也纳入公共图书馆范畴，并鼓励公民、法人和其他组织自筹资金设立公共图书馆（第四条）、鼓励向公共图书馆捐赠（第六条、第二十条）、鼓励公民参与公共图书馆志愿服务（第四十六条）等；公共文化服务保障法确立了公共文化服务公示制度（第十四条、第二十八条、第三十一条），公共图书馆法规定要对公共图书馆基本信息、馆藏文献信息目录、服务内容和服务方式等进行公示（第十八条、第二十七条、第三十八条）；公共文化服务保障法构建了公共文化服务的考核评估制度（第二十三条、第五十六条），公共图书馆法则确立了包含政府部门和社会公众共同参与的公共图书馆服务质量和水平考核制度（第四十七条）。因此，可以说公共文化服务保障法奠定了公共文化服务法律体系的基础，而公共图书馆法则充实和丰富了这个法律体系的具体内容。

8. 今后还应根据公共图书馆法制定什么样的配套政策制度?

公共图书馆法以法律的形式确定了我国公共图书馆事业

发展的一系列重大问题，但是作为国家层面的立法，不可能对每个领域都规定得很详细，法律所作的规定多为原则性规定，今后还需要制定一些配套的政策制度来推动公共图书馆法的贯彻落实。针对公共图书馆法所作的规定，尚未出台相关配套政策制度的应尽快出台，已有相关政策制度但与公共图书馆法要求不符合的应按照公共图书馆法的要求对现有政策制度进行修改调整。按照政策制度制定主体的不同，可以分为政府层面、行业组织层面和公共图书馆层面。

政府层面，需要制定和完善的政策制度主要有：（1）文献信息处置制度。公共图书馆法规定对于公共图书馆馆藏文献信息的处置应当遵守国务院文化主管部门的有关规定，目前国家层面的文献信息处置制度尚未出台，国务院文化主管部门应当尽快加强相关研究，出台统一的文献信息处置制度。（2）扶持社会力量参与公共图书馆建设的制度。公共图书馆法规定县级以上人民政府应积极调动社会力量参与公共图书馆建设，并按照国家有关规定给予政策扶持。国务院文化主管部门应就鼓励社会力量参与公共图书馆建设出台具体的扶持政策，落实公共图书馆法的相关要求。（3）公共图书馆服务规范。公共图书馆法规定国务院文化主管部门和省、自治区、直辖市人民政府文化主管部门应制定公共图书馆服务规范。2011 年原文化部经国家质量监督检验检疫总局、国家标准化管理委员会批准发布了国家标准《公共图书馆服务规范》，一些地区也出台了地方性的公共图书馆服务规范。根据公共图书馆法的要求，尚未制定公共图书馆服务规范的省、自治区、直辖市人民政府文化主管部门应结合当地实际情况，尽快制定本地区的公共图书馆服务规范。（4）出版物交存制度。公共图书馆法规定出版单位应当按照国家有关规定向国家图书馆和所在地省级公共图书馆交存正式出版物，现行出版物交存制度主要依据的是《出版管理条例》《音像制品管理条例》《图书出版管理规定》以及图书馆相关地方立法等，但这些规定比较分散，且其中关于交存类型、交存方式、交存程序、交存标准、接受交存的义务以及网络出版物的交存等方面并没有详细规定，也未包含省级公共图书馆的交存，应按照公共图书馆法的要求制定或完善出版物交存制度。

行业组织层面，公共图书馆法规定公共图书馆行业组织应当依法制定行业规范。我国公共图书馆行业组织包括中国图书馆学会、中国古籍保护协会、中国文献影像技术协会等全国性图书馆行业组织，各省、市、县地方图书馆协会和学会组织，以及上述全国性或地方性图书馆行业组织中的公共图书馆分会或专业委员会等。公共图书馆行业组织应制定的行业规范包括行业成员的行动准则和道德规范，以及与公共图书馆工作相关的管理、服务及业务技术规范等，具体形式包括行业公约、宣言、声明、技术标准等。其中，公共图书馆行业组织制定的技术标准按照《中华人民共和国标准化法》的规定属于团体标准，不同于政府行政部门制定的国家标准、行业标准和地方标准。

公共图书馆层面，应建立或完善本馆的管理制度和规则。公共图书馆法对公共图书馆的运行管理和服务作了一系列的规定，各级公共图书馆应积极贯彻落实法律的要求，查缺补漏，完善本馆的规章制度，具体内容包括文献信息管理制度、设备场地管理制度、服务公示制度、读者意见反馈制度、读者信息保护制度、借阅规则、读者行为规范等。

第一章　总　则

9. 公共图书馆法的立法目的是什么？

本法第一条规定，公共图书馆法的立法目的为：促进公共图书馆事业发展，发挥公共图书馆功能，保障公民基本文化权益，提高公民科学文化素质和社会文明程度，传承人类文明，坚定文化自信。

第一，促进公共图书馆事业发展，发挥公共图书馆功能。公共图书馆是传承人类文明、传播先进文化、开展社会教育的重要场所，是公共文化服务体系的重要组成部分。在党和政府的高度重视和社会主义文化事业繁荣发展的大背景下，我国公共图书馆事业发展成就显著。截至 2017 年年底，我国共有县级以上独立建制的公共图书馆 3166 个，全国县以上公共图书馆实际建筑面积 1515 万平方米，阅览室坐席数 106. 42 万个，供读者使用的电子阅览终端 14. 42 万台；馆藏总量 96953 万册；总流通人次 74450 万，书刊文献外借册次 55091 万；2017 年全年共举办各种社会教育活动 15. 56 万次，参加人次 8856. 76 万。各级公共图书馆通过收集、整理、保存文献信息，提供文献信息查询、借阅等服务，开放公共空间设施场地，开展公益性讲座、阅读推广、培训、展览等方式积极发挥功能，为经济社会发展和国民素质提升作出了重要贡献。

我国公共图书馆事业发展在取得显著成绩的同时，也存在着诸如公共图书馆服务体系建设有待加强、布局有待优化、管理制度有待完善等问题。公共图书馆法的颁布，指明了公共图书馆事业发展的方向，确立了一系列推动公共图书馆事业发展的重要制度，为我国公共图书馆事业的进一步发展和公共图书馆功能的进一步发挥提供了法律指引和保障。

第二，保障公民基本文化权益。《中华人民共和国宪法》规定，国家发展为人民服务、为社会主义服务的图书馆事业，开展群众性的文化活动，并赋予了我国公民进行科学研究、文学艺术创作和其他文化活动的自由。《中共中央关于深化文化体制改革推动社会主义文化大发展大繁荣若干重大问题的决定》提出，公民的基本公共文化权益包括“看电视、听广播、读书看报、进行公共文化鉴赏、参与公共文化活动等”。党的十六大、十七大、十八大报告均提到要更好地保障人民基本文化权益，党的十七大报告指出要“坚持把发展公益性文化事业作为保障人民基本文化权益的主要途径”。党的十九大报告提出“满足人民过上美好生活的新期待，必须提供丰富的精神食粮”。通过制定公共图书馆法，完善公共图书馆服务体系，有利于保障公民更好地享受公共图书馆服务，从而更好地保障公民基本文化权益。

第三，提高公民科学文化素质和社会文明程度。党的十八大报告提出要建设社会主义文化强国，要让“人民思想道德素质和科学文化素质全面提高”。党的十九大报告提出“要提高人民思想觉悟、道德水准、文明素养，提高全社会文明程度”，将“社会文明程度达到新的高度”作为社会主义现代化建设的重要目标和内容。联合国教科文组织（UNESCO）和国际图书馆协会与机构联合会（IFLA）1994年发布的《公共图书馆宣言》指出：“公共图书馆是人们寻求知识的渠道，为个人和社会群体的终身教育、自由决策和文化发展提供了基本条件”。公共图书馆法的制定，有利于促进公共图书馆服务质量和水平的提升，进一步丰富人民群众的精神文化生活，提高公民科学文化素质和社会文明程度。

第四，传承人类文明。公共图书馆是传承人类文明的重要平台，《公共图书馆宣言》指出，公共图书馆的使命包括“加强文化遗产意识，提高对艺术、科技成就与创新的鉴赏力”“提供接触各种表演艺术文化展示的机会”“促进不同文化之间的对话，支持文化多样性”“支持口述传统文化”等。公共图书馆通过收集、整理、保存文献信息，向社会公众传递文献信息、开展社会教育等，传承人类文明成果。公共图书馆法的出台，为公共图书馆事业的发展提供了更好的保障，有利于公共图书馆更好地发挥传承人类文明的作用。

第五，坚定文化自信。党的十八大以来，习近平总书记多次强调文化自信的重要作用，他说，“文化自信是更基础、更广泛、更深厚的自信，是更基本、更深沉、更持久的力量。坚定文化自信，是事关国运兴衰、事关文化安全、事关民族精神独立性的大问题。”党的十九大报告指出：“文化是一个国家、一个民族的灵魂。文化兴国运兴，文化强民族强。没有高度的文化自信，没有文化的繁荣兴盛，就没有中华民族伟大复兴。”公共图书馆是传承和弘扬中华优秀传统文化的重要平台，是传播社会主义先进文化的重要阵地，是人民群众了解和学习中华优秀传统文化和社会主义先进文化的重要渠道。公共图书馆法确立了公共图书馆在传承中华优秀传统文化、坚定文化自信方面的重要作用。本法第三条还明确了公共图书馆的发展方针，指出公共图书馆应当坚持社会主义先进文化前进方向，坚持以人民为中心，坚持以社会主义核心价值观为引领，传承发展中华优秀传统文化，继承革命文化，发展社会主义先进文化。

10. 什么是公共图书馆?

本法第二条将公共图书馆定义为：向社会公众免费开放，收集、整理、保存文献信息并提供查询、借阅及相关服务，开展社会教育的公共文化设施。需要从以下几个方面理解公共图书馆的定义。

一是公共图书馆应当向社会公众免费开放。向社会公众免费开放，体现了公共图书馆平等、免费的基本要求。《公共图书馆宣言》提出，“每一个人都有平等享受公共图书馆服务的权利，而不受年龄、种族、性别、宗教信仰、语言和社会地位的限制”，并指出“公共图书馆原则上应该无偿提供服务”。2011 年，原文化部联合财政部发布《关于推进全国美术馆公共图书馆文化馆（站）免费开放工作的意见》，对全国公共图书馆的免费开放工作进行明确部署。本法第三十三条进一步规定公共图书馆应当按照平等、开放、共享的要求向社会公众提供服务，并规定了公共图书馆免费向社会公众提供的服务内容。

二是公共图书馆应当发挥收集、整理、保存文献信息并提供查询、借阅及相关服务，开展社会教育的功能。

（1）收集、整理、保存文献信息。收集、整理、保存文献信息是公共图书馆提供文献信息查询、借阅及相关服务，开展社会教育的基础和前提，本法第十五条明确规定设立公共图书馆应当具备的条件之一是有与其功能相适应的文献信息。公共图书馆应当根据办馆宗旨和服务对象的需求，广泛收集文献信息。公共图书馆收集的文献信息需要满足不同群体的需求，覆盖不同的载体，并反映地方文化。本法第二十五条规定公共图书馆收集文献信息的主要方式包括采购、接受交存、捐赠等，并在第二十四条、第三十条规定了公共图书馆收集文献信息的具体要求。公共图书馆应当按照国家公布的标准、规范对馆藏文献信息分类、编目、排架等整理工作。本法第二十七条明确规定了公共图书馆整理文献信息的要求，第三十条还规定国家支持公共图书馆开展联合编目。公共图书馆还应当利用必备的设施、设备、空间等妥善保存馆藏文献信息，本法第二十八条规定了公共图书馆保存馆藏文献信息的具体要求，对属于文物、档案、国家秘密等特殊馆藏文献的保存，还应遵守本法第十条的规定。

（2）提供查询、借阅及相关服务。公共图书馆通过提供查询、借阅及相关服务向社会公众传播文献信息，文献信息查询、借阅是社会公众获取公共图书馆服务的主要形式之一。本法第二十七条规定公共图书馆应当建立馆藏文献信息目录，并依法通过其网站或者其他方式向社会公开。公共图书馆可以通过网站、人工服务、自助服务设施等多种方式和渠道，向社会公众提供文献信息查询服务。文献信息借阅服务包括文献信息外借服务和阅览服务，公共图书馆应当充分利用其馆藏文献信息资源、馆舍空间、设施设备等，为社会公众提供方便快捷的外借和阅览服务。本法第三十八条规定，公共图书馆的借阅规则应当通过其网站或者其他方式向社会公告。本法第三十三条还规定公共图书馆的文献信息查询和借阅服务均应免费向社会公众提供。此外，为了更好地满足社会公众查询、借阅文献信息的需求，公共图书馆还应提供例如参考咨询、公共空间开放等相关服务。

（3）开展社会教育。为个人和社会群体的终身教育与发展服务是公共图书馆的重要使命。公共图书通过向社会公众提供相应载体的资料，帮助用户有效地利用学习资源并提供人们学习的设施，支持个人的自我学习，发挥社会教育的功能。公共图书馆开展社会教育活动的具体形式包括传播文献信息，举办讲座，开展阅读推广、培训、展览等。

三是公共图书馆属于公共文化设施的范畴。《中华人民共和国公共文化服务保障法》第十四条规定："本法所称公共文化设施是指用于提供公共文化服务的建筑物、场地和设备，主要包括图书馆、博物馆、文化馆（站）……公共数字文化服务点等。"本法对公共图书馆的定义与公共文化服务保障法一致，明确公共图书馆属于公共文化设施的范畴，并在第三条进一步明确，公共图书馆是社会主义公共文化服务体系的重要组成部分。

准确理解本法对公共图书馆的定义，还需要把握两个问题：一是公共图书馆的设立主体。根据本法规定，按照设立主体的不同，我国公共图书馆可以分为政府设立的公共图书馆和社会力量设立的公共图书馆。政府是指县级以上各级人民政府，社会力量包括公民、法人和其他组织。其中社会力量设立的图书馆只有满足本法相关规定和要求的才能被纳入公共图书馆的范畴。本法部分条款的适用主体不包含社会力量设立的公共图书馆，如第十九条第一款、第三十四条、第三十九条等条款均指明适用于"政府设立的公共图书馆"。二是公共图书馆法的调整范围。本法调整范围是符合本法规定的公共图书馆，学校图书馆、科研机构图书馆及其他类型图书馆不在本法调整范围内。但本法第四十八条规定国家支持公共图书馆加强与学校图书馆、科研机构图书馆以及其他类型图书馆的交流与合作，开展联合服务，并支持上述类型图书馆向社会公众开放。

11. 什么是文献信息？

本法第二条第二款规定，文献信息包括图书报刊、音像制品、缩微制品、数字资源等。

图书报刊包括图书、报纸和期刊。其中，图书是指用文字、图画或其他符号，在纸张等载体上记录各种知识、思想和技艺，并且制装成卷册的出版物，又称“书籍”；报纸是指以刊载新闻和新闻评论为主，通常散页印刷，不装订、没有封面的纸质出版物，有固定名称，面向社会公众，定期、连续发行；期刊是指定期或不定期成册连续出版的印刷读物，又称“杂志”，有固定刊名，以期、卷号或年、月顺序编号出版，每期版式基本相同，根据一定的编辑方针，将众多作者的作品汇集成册出版。音像制品，指录有内容的录音带、录像带、唱片、激光唱盘和激光视盘等。缩微制品，指以符号、文字、图像等形式，高密度缩摄，使印刷型等文献成为体积很小的信息载体。数字资源，是指经过选择、组织和加工处理，以数字格式存在的各种媒介信息，如数据库、电子期刊、电子图书、网页等。此外，文献信息还包括专利、标准、学位论文等。

12. 为什么说公共图书馆是社会主义公共文化服务体系建设重要组成部分?

公共文化服务体系是公共文化产品和服务提供、制度和系统建设的统称，是政府向人民群众提供公共文化服务的实现途径和保障体系。《中华人民共和国宪法》第二十二条规定："国家发展为人民服务、为社会主义服务的文学艺术事业、新闻广播电视事业、出版发行事业、图书馆博物馆文化馆和其他文化事业，开展群众性文化活动"，强调了图书馆的文化事业性质和为人民服务、为社会主义服务的基本要求。公共文化服务保障法第二条规定公共文化服务的内容包括"公共文化设施、文化产品、文化活动以及其他相关服务"，第十四条明确将图书馆列入公共文化设施范畴。本法规定公共图书馆是社会主义公共文化服务体系的重要组成部分，进一步强调了公共图书馆在公共文化服务提供中的重要地位。

13. 公共图书馆在全民阅读中应当发挥什么作用?

在全民阅读活动中，公共图书馆既是重要的倡导者，又是重要的组织者，开展全民阅读活动是公共图书馆服务的重要内容和形式，具体包括三个方面：一是推动全民阅读，强调公共图书馆作为全民阅读活动的主体之一，要发挥在阅读资源提供、阅读平台搭建、阅读活动组织、阅读理论研究、阅读人才队伍建设等方面的优势，和其他文化设施一起，共同助推全民阅读活动沿着正确的方向前进，使全民阅读活动在规模上更广泛、更普及，在效果上更深入人心、更受欢迎，达到更高目标，贯彻落实国务院“促进全民阅读，建设学习型社会”的要求，为营造书香社会、实现文化强国目标作出更大的贡献。二是引导全民阅读，强调公共图书馆在全民阅读体系中，积极鼓励和引导社会公众多读好书，积极培养和引导社会公众培养热爱阅读的良好习惯，积极支持和引导全社会形成优良的阅读文化风尚，真正承担起引导全民阅读健康发展的使命。三是服务全民阅读，强调公共图书馆要在全民阅读服务中发挥平台、阵地作用，通过采集、整理、保存文献信息，提供查询、借阅及相关服务，开展讲座、展览、培训等阅读活动，为各类组织、机构、团体及个人开展全民阅读活动提供服务支撑。

本法相关条款对公共图书馆推动、引导、服务全民阅读的具体内容和形式作出了规定。如第三十三条规定阅读推广为公共图书馆免费向社会公众提供的服务之一，第三十六条规定公共图书馆应当通过开展阅读指导、读书交流、演讲诵读、图书互换共享等活动推广全民阅读的主要途径。

14. 公共图书馆应坚持什么样的发展方向?

一是坚持社会主义先进文化前进方向。党的十八大指出："建设社会主义文化强国，必须走中国特色社会主义文化发展道路。"党的十九大指出："要坚持中国特色社会主义文化发展道路，激发全民族文化创新创造活力，建设社会主义文化强国。"并突出强调，"中国特色社会主义文化，源自于中华民族五千多年文明历史所孕育的中华优秀传统文化，熔铸于党领导人民在革命、建设、改革中创造的革命文化和社会主义先进文化，植根于中国特色社会主义伟大实践。"《中华人民共和国公共文化服务保障法》第三条要求，"公共文化服务应当坚持社会主义先进文化前进方向"，公共图书馆作为社会主义公共文化服务体系的重要组成部分，也必须遵循公共文化服务保障法的要求，将坚持社会主义先进文化前进方向作为主要发展方针。公共图书馆坚持社会主义先进文化前进方向，要求在公共图书馆建设与发展中必须坚持马克思主义，牢固树立共产主义远大理想和中国特色社会主义共同理想；要求公共图书馆立足社会主义先进文化的建设和发展，结合实际，充分发挥图书馆保护、传承和发展中华优秀传统文化的职能，创造性开展文化服务；要求公共图书馆通过收藏、整理和传播人类社会主义优秀典籍和文献信息，推动社会主义先进文化的传承与传播。

二是坚持以人民为中心。党的十八大以来，以习近平同志为核心的党中央提出以人民为中心的发展思想，反映了坚持人民主体地位的内在要求，彰显了人民至上的价值取向，确立了新发展理念必须始终坚持的基本原则。公共文化服务保障法第三条提出，公共文化服务应当坚持以人民为中心，公共图书馆面向社会公众提供公共文化服务，只有坚持以人民为中心的发展方针，才能向广大读者提供优质高效的服务。公共图书馆事业的建设和发展必须以人民的利益为根本出发点，要根据人民群众不断增长的知识、信息和文化需求，适应知识、信息和文化产品生产、传播、消费的发展规律和变化特点，不断丰富服务内容，拓宽服务渠道，创新服务手段，提高服务效能，提升人民群众的满意度和获得感。

三是坚持以社会主义核心价值观为引领。社会主义核心价值观是当代中国精神的集中体现，凝结着全体人民共同的价值追求，其基本内容是：富强、民主、文明、和谐，自由、平等、公正、法治，爱国、敬业、诚信、友善。社会主义核心价值观是社会主义核心价值体系的内核，体现社会主义核心价值体系的根本性质和基本特征，反映社会主义核心价值体系的丰富内涵和实践要求，是社会主义核心价值体系的高度凝练和集中表达。只有坚持以社会主义核心价值观为引领，大力传承和延续中华民族思想精髓、精神基因、文化血脉，才能确保中国特色社会主义始终沿着正确方向胜利前进。公共图书馆面向社会公众提供公共文化服务，应当坚持以社会主义核心价值观为引领。公共图书馆坚持以社会主义核心价值观为引领，就是要通过采集、整理、保存文献信息并提供查询、借阅及相关服务，开展社会教育，传播信息、知识和文化，传播社会主义先进文化，传扬社会主义核心价值观，传承中国精神、中国价值、中国力量，为提高全民族道德、思想、科学与文化素养作出积极贡献。

四是传承发展中华优秀传统文化，继承革命文化，发展社会主义先进文化。中华优秀传统文化是中华民族创造的优秀文化，集中体现了全民族的智慧，是我国五千多年文明历史所孕育形成的优秀文化，其博大精深，影响全世界。革命文化是中国共产党和中国人民在长期的革命斗争实践中形成的，是凝聚着共产党人和革命群众独特思想和精神风貌的文化，是中国特色社会主义先进文化的重要组成部分。中华优秀传统文化和革命文化，共同构筑起中国特色社会主义先进文化的基础。各级公共图书馆收藏有大量文献典籍，是传承中华优秀传统文化和革命历史文化的重要载体。公共图书馆法要求公共图书馆传承发展中华优秀传统文化，继承革命文化，发展社会主义先进文化，主要包含两方面的任务：一是要传承好保护好承载中华优秀传统文化和革命历史文化的文献典籍，通过积极参与中华古籍保护计划、民国时期文献保护计划等国家重点文化工程，加强中华优秀传统文化典籍和革命历史文献的征集、整理、修复与再生性保护，使其得以代代传承，永续利用；二是要充分发挥公共图书馆的社会教育功能，依托这些文献典籍，广泛开展讲座、展览、培训、在线公开课等活动，面向社会公众传播、阐释、宣传、推广中华优秀传统文化和革命历史文化，通过对这些文献典籍的整理出版和数字化开发等多种形式，推动优秀传统文化和革命历史文化的创造性转化和创新性发展，为发展社会主义先进文化作出新贡献。

15. 政府对公共图书馆建设承担什么保障责任?

一是事业规划保障。公共文化服务保障法第四条规定，县级以上人民政府应当将公共文化服务纳入本级国民经济和社会发展规划。公共图书馆法在公共文化服务保障法基础上对政府规划发展公共图书馆事业责任进一步明确。公共图书馆法第四条规定，县级以上人民政府将公共图书馆事业纳入本级国民经济和社会发展规划。把公共图书馆事业作为整个文化事业中的一个重要内容，确立了公共图书馆事业在国民经济和社会发展中的地位，有利于从总体上促进公共图书馆事业的发展。

二是建设保障。公共文化服务保障法第十五条规定，县级以上地方人民政府应当将公共文化设施建设纳入本级城乡规划；第十六条规定，公共文化设施的建设用地，应当符合土地利用总体规划和城乡规划，并依照法定程序审批。公共图书馆法规定县级以上人民政府应当将公共图书馆建设纳入城乡规划和土地利用总体规划，是公共文化服务保障法关于公共文化设施建设规划要求的具体化，对于解决公共图书馆设置分布、建设规模、建设用地等具体建设问题，促进公共图书馆建设制度化和可持续发展具有重要的意义。本法第十三条进一步明确了公共图书馆建设的具体标准。根据国家颁布的有关公共图书馆的建设标准，公共图书馆在选址上要考虑人口和交通环境等因素，原则上要选在人口密集、交通便利、环境良好的地区，以方便社会公众享受公共图书馆的服务。

三是经费保障。公共文化服务保障法第四十五条规定，国务院和地方各级人民政府应当根据公共文化服务的事权和支出责任，将公共文化服务经费纳入本级预算，安排公共文化服务所需资金。本法在公共文化服务保障法基础上，进一步强调了政府对公共图书馆事业发展的经费保障责任。公共图书馆所需经费包括文献信息购置经费、服务经费、运行经费、人员经费、专项经费等。本法要求加大对政府设立的公共图书馆的投入，将所需经费列入本级政府预算，并及时、足额拨付，有利于强化政府保障责任，建立经费保障机制。其中，“加大”是指在现有投入基础和水平上，投入力度持续加强，投入规模持续增长。“及时”是指在拨付时间上的保证，严格执行计划中的时间安排，做到不滞后不拖延；“足额”是指拨付数量上的保证，严格执行计划中的数量安排，做到不打折扣不减数量。预算法第十三条规定，经人民代表大会批准的预算，非经法定程序，不得调整。各级人民政府、各部门、各单位的支出必须以经批准的预算为依据，未列入预算的不得支出。本法第四条的规定目的在于确保政府设立的公共图书馆经费有固定来源、有充足保证、可及时到位，从而保障公共图书馆事业可持续发展。本法第十五条将“必要的办馆资金和稳定的运行经费来源”作为设立公共图书馆的必备条件，是对政府的公共图书馆经费保障责任的进一步体现。

16. 为什么要鼓励公民、法人和其他组织自筹资金设立公共图书馆?

公共图书馆事业由政府主导，并不等于政府包揽一切、政府包办一切，社会力量是公共图书馆事业的重要参与者。所谓社会力量，包括公民、法人和其他组织。公共文化服务保障法确立了公共文化服务“政府主导、社会力量参与”的总体原则，这一原则在公共图书馆法中得到了进一步体现。

公共文化服务保障法第二十五条规定：“国家鼓励和支持公民、法人和其他组织兴建、捐建或者与政府部门合作建设公共文化设施，鼓励公民、法人和其他组织依法参与公共文化设施的运营和管理。”公共图书馆法第四条规定国家鼓励公民、法人和其他组织自筹资金设立公共图书馆，是对公共文化服务保障法规定的细化和落实。

依据我国宪法，凡具有中华人民共和国国籍的人都是中华人民共和国公民。依据民法总则，法人是具有民事权利能力和民事行为能力，依法独立享有民事权利和承担民事义务的组织。依据民法总则，其他组织即非法人组织，是指不具有法人资格，但是能够依法以自己的名义从事民事活动的组织，包括个人独资企业、合伙企业、不具有法人资格的专业服务机构等。本法所称的公民、法人和其他组织，涵盖了参与公共图书馆建设的各种社会力量。

公共图书馆法规定国家鼓励公民、法人和其他组织自筹资金设立公共图书馆有利于推动实现公共图书馆的建设主体多元化。本法相关条款还就社会力量自筹资金设立公共图书馆的支持和鼓励政策作出了具体规定。例如，第二十条规定公民、法人和其他组织设立的公共图书馆，可以以捐赠者的姓名、名称命名公共图书馆、公共图书馆馆舍或者其他设施；第四十五条规定国家采取政府购买服务等措施，对公民、法人和其他组织设立的公共图书馆提供服务给予扶持。

17. 政府可以通过哪些形式调动社会力量参与公共图书馆建设?

公共图书馆法规定县级以上人民政府应当积极调动社会力量参与公共图书馆建设，一是政府要鼓励和支持公民、企事业单位、社会团体以及其他组织兴建、捐建，或与政府部门合作建设公共图书馆，完善公共图书馆设施建设的社会化机制。二是政府要有效组织和调动社会力量，充分发挥公民、企事业单位、社会团体以及其他组织参与公共图书馆服务体系建设的积极性，通过项目捐资、捐赠等方式参与公共图书馆服务体系建设，或在图书馆延伸服务网络、流动服务网点和自助服务空间建设等方面给予人力、物力和财力的支持，完善公共图书馆服务体系建设的社会化机制。三是政府要积极主动向社会力量购买公共文化服务，将公益性文献信息服务纳入政府购买的指导性目录，完善公共图书馆服务的社会化机制。四是政府要鼓励有条件的公共图书馆探索引入社会专业机构，进行委托经营，或将公共图书馆的文献信息加工、上架、搬迁等非核心业务外包，完善公共图书馆管理的社会化机制。五是政府要调动志愿者力量，充分发挥图书馆志愿者的积极性，组织志愿者参与公共图书馆建设、管理与服务，完善公共图书馆运行的社会化机制。

18. 国家关于社会力量参与公共图书馆建设有哪些扶持政策?

国家关于社会力量参与公共图书馆建设主要有引导社会资本参与公共图书馆建设、政府购买公共图书馆服务以及税收优惠等相关扶持政策，国家关于社会力量参与公共文化服务出台了一系列扶持政策和法规，这些政策和法规同样适用于公共图书馆建设。党的十七届六中全会提出引导和鼓励社会力量通过兴办实体、资助项目、赞助活动、提供设施等形式参与公共文化服务；党的十八届三中全会提出引入竞争机制，推动公共文化服务社会化发展，鼓励社会力量、社会资本参与公共文化服务体系建设；《国务院办公厅关于政府向社会力量购买服务的指导意见》要求拟定政府购买公共文化服务目录，确定购买公共文化服务计划，指导监督购买公共文化服务工作；中共中央办公厅、国务院办公厅《关于加快构建现代公共文化服务体系的意见》提出鼓励和引导社会力量参与公共文化服务发展的系列具体措施；《国务院办公厅关于推进基层综合性文化服务中心建设的指导意见》提出探索社会化建设管理模式，加大政府向社会力量购买公共文化服务力度，拓宽社会供给渠道，丰富基层公共文化服务内容。《国家“十三五”时期文化发展改革规划纲要》提出推广政府和社会资本合作（PPP）模式，允许社会资本参与图书馆、文化馆、博物馆、剧院等公共文化设施建设和运营，等等。公共图书馆法除第四条明确社会力量是公共图书馆建设的重要参与者外，第六条鼓励社会力量通过捐赠的方式参与公共图书馆建设，第十三条进一步明确了在政府主导的前提下鼓励社会力量参与的基本原则，第四十五条指出了社会力量参与公共图书馆服务的途径。

19. 各级人民政府文化主管部门在我国公共图书馆事业管理中承担什么样的职责?

本法第五条规定，国务院文化主管部门负责全国公共图书馆的管理工作，县级以上地方人民政府文化主管部门负责本行政区域内公共图书馆的管理工作。

国务院文化主管部门负责全国公共图书馆的管理工作，国务院文化主管部门即指文化和旅游部。“指导、管理社会文化事业，指导图书馆、文化馆（站）事业和基层文化建设”是文化和旅游部的重要职责之一。长期以来，国务院文化主管部门在管理全国公共图书馆方面做了大量工作，如1956年，原文化部社会文化事业管理局在全国图书馆工作会议上提出了《明确图书馆的方针和任务 为大力配合向科学进军而奋斗》的报告；1982年，原文化部颁布了《省（自治区、市）图书馆工作条例》；1994年，原文化部发布《文化部关于在县以上公共图书馆进行评估定级工作的通知》，截至2017年共组织了六次全国县以上公共图书馆评估定级工作；2011年，原文化部联合财政部颁发了《文化部、财政部关于推进全国美术馆、公共图书馆、文化馆（站）免费开放工作的意见》；2013年和2017年，原文化部分别发布了《全国公共图书馆事业发展“十二五”规划》和《“十三五”时期全国公共图书馆事业发展规划》，等等。本法明确了国务院文化主管部门在全国公共图书馆管理中的职责，如第二十八条规定国务院文化主管部门应制定处置文献信息的有关规定；第四十七条规定国务院文化主管部门应当制定公共图书馆服务规范，对公共图书馆的服务质量和水平进行考核，等等。

县级以上地方人民政府文化主管部门负责本行政区域内公共图书馆的管理工作，按照我国现行体制，县级以上地方人民政府包括省、自治区、直辖市的人民政府；自治州、设区的市的人民政府；县、自治县、不设区的市、市辖区的人民政府。县级以上地方人民政府文化主管部门是指上述各级政府中承担公共文化管理职责的行政部门，包括与新闻出版、广电等部门合并设立的地方文化主管部门。地方政府文化主管部门在公共图书馆管理方面做了很多工作，例如，在公共图书馆法颁布之前，一些地区文化主管部门组织制定了本行政区域内的公共图书馆管理办法或条例，此外，一些省市文化主管部门还出台了本地区的公共图书馆服务规范和公共图书馆行业的中长期战略规划等。本法明确了县级以上地方人民政府文化主管部门在公共图书馆管理方面的具体职责，如第十八条规定省、自治区、直辖市人民政府文化主管部门应当在其网站上及时公布本行政区域内公共图书馆的名称、馆址、联系方式、馆藏文献信息概况、主要服务内容和方式等信息；第四十七条规定省、自治区、直辖市人民政府文化主管部门应当制定公共图书馆服务规范，对公共图书馆的服务质量和水平进行考核，等等。

20. 其他政府有关部门在公共图书馆事业管理中承担什么职责?

本法第五条规定，国务院其他有关部门在各自职责范围内负责与公共图书馆管理有关的工作，县级以上地方人民政府其他有关部门在各自职责范围内负责本行政区域内与公共图书馆管理有关的工作。与公共图书馆管理有关的工作涉及多个方面，需要各级政府其他有关部门在各自职责范围内给予配合和支持。如财政部门负责公共图书馆财政扶持方面的有关工作，民政部门负责社会力量举办的公共图书馆的设立、变更和终止时的登记工作，新闻出版管理部门负责出版单位向国家图书馆和所在地省级公共图书馆交存正式出版物的管理工作，价格主管部门负责对公共图书馆及其工作人员对应当免费提供的服务收费或者变相收费的违法行为进行处罚的工作，等等。

21. 公民、法人和其他组织向公共图书馆捐赠应遵循哪些法律规定?

公共图书馆是公共文化服务体系的重要组成部分，公民、法人和其他组织向公共图书馆捐赠，应当遵守《中华人民共和国公共文化服务保障法》《中华人民共和国公益事业捐赠法》及《中华人民共和国慈善法》等法律的有关规定。

《中华人民共和国慈善法》第三十四条规定，慈善捐赠，是指自然人、法人和其他组织基于慈善目的，自愿、无偿赠与财产的活动。公民、法人和其他组织向公共图书馆捐赠，属于慈善捐赠范畴，应遵守相应法律规定。慈善法规定，捐赠人捐赠的财产应当是其有权处分的合法财产，捐赠财产包括货币、实物、房屋、有价证券、股权、知识产权等有形和无形财产。捐赠人捐赠的实物应当具有使用价值，符合安全、卫生、环保等标准。捐赠人捐赠本企业产品的，应当依法承担产品质量责任和义务。

《中华人民共和国公益事业捐赠法》第二条规定，自然人、法人或者其他组织自愿无偿向依法成立的公益性社会团体和公益性非营利的事业单位捐赠财产，用于公益事业的，适用本法。公共图书馆作为向社会公众免费开放的公共文化服务机构，属于公益事业范畴，公民、法人和其他组织向公共图书馆捐赠，应遵循其有关规定。公益事业捐赠法对捐赠行为作出了具体规定：国家鼓励自然人、法人或者其他组织对公益事业进行捐赠；捐赠应当是自愿和无偿的，禁止强行摊派或者变相摊派，不得以捐赠为名从事营利活动；捐赠应当遵守法律、法规，不得违背社会公德，不得损害公共利益和其他公民的合法权益。

公共图书馆作为公共文化服务的重要组成部分，向公共图书馆捐赠还应遵循《中华人民共和国公共文化服务保障法》的有关规定。公共文化服务保障法第五十条规定，公民、法人和其他组织通过公益性社会团体或者县级以上人民政府及其部门，捐赠财产用于公共文化服务的，依法享受税收优惠。国家鼓励通过捐赠等方式设立公共文化服务基金，专门用于公共文化服务。

22. 捐赠人向公共图书馆捐赠可根据哪些法律、行政法规的规定享受税收优惠?

依法给予税收优惠，是国家鼓励捐赠人捐赠财产用于公共图书馆事业发展建设的重要体现。

一、境内捐赠

境内公民、法人和其他组织向公共图书馆捐赠，主要依据《中华人民共和国企业所得税法》及《中华人民共和国企业所得税法实施条例》《中华人民共和国个人所得税法》及《中华人民共和国个人所得税法实施条例》等法律和行政法规的规定享受税收优惠。企业所得税法第九条规定："企业发生的公益性捐赠支出，在年度利润总额12%以内的部分，准予在计算应纳税所得额时扣除；超过年度利润总额12%的部分，准予结转以后三年内在计算应纳税所得额时扣除。”企业所得税法实施条例第五十一条规定，“企业所得税法第九条所称公益性捐赠，是指企业通过公益性社会团体或者县级以上人民政府及其部门，用于《中华人民共和国公益事业捐赠法》规定的公益事业的捐赠。”个人所得税法第六条第三款：个人将其所得对教育、扶贫、济困等公益慈善事业进行捐赠，捐赠额未超过纳税人申报的应纳税所得额百分之三十的部分，可以从其应纳税所得额中扣除；国务院规定对公益慈善事业捐赠实行全额税前扣除的，从其规定。

二、境外捐赠

境外自然人、法人和其他组织向境内公共图书馆捐赠，主要依据《中华人民共和国慈善法》《中华人民共和国归侨侨眷权益保护法》《中华人民共和国海关法》《慈善捐赠物资免征进口税收暂行办法》等法律法规及相关政策享受税收优惠。如慈善法第八十条第二款规定，境外捐赠用于慈善活动的物资，依法减征或者免征进口关税和进口环节增值税。归侨侨眷权益保护法第十二条规定，归侨、侨眷在国内兴办公益事业，各级人民政府应当给予支持，其合法权益受法律保护。归侨、侨眷接受境外亲友自愿捐赠的物资用于公益事业的，按照国家有关规定办理并享受减征或者免征关税的优惠待遇。海关法第四十条规定，经济特区等特定地区进口用于公益事业的捐赠物资，可以减征或者免征关税。特定关税或者免税的范围和办法，由国务院规定。国务院规定，进口科教用品和残疾人专用物品，外国政府、国际组织无偿赠送的物资享受减免关税和进口环节税的待遇。境外捐赠用于公益事业的物资，由接受捐赠的公益性社会团体或公益性非营利的事业单位依法向海关申请办理减免税优惠，其他有关机关或者组织，如侨务、民政、教育等部门，可以提供必要的协助。财政部、海关总署、国家税务总局颁布的《慈善捐赠物资免征进口税收暂行办法》规定，对于境外捐赠人无偿向受赠人捐赠的直接用于慈善事业的物资，免征进口关税和进口环节增值税，其中公共图书馆的图书、资料等被明确包括在内。该暂行办法同时规定，免税进口的捐赠物资，未经海关审核同意，不得擅自转让、抵押、质押、移作他用或者进行其他处置。

23. 境外自然人、法人和其他组织通过捐赠方式参与境内公共图书馆建设有哪些要求?

国家鼓励境外自然人、法人和其他组织通过捐赠方式参与境内公共图书馆建设。境外，是指中华人民共和国海关关境以外的国家和地区，包括外国和我国的香港、澳门、台湾地区。香港、澳门和台湾都是我国领土的一部分，但它们又都是独立的关税区，因此，从关税区角度讲也属境外。境外捐赠主体，包括境外自然人、法人和其他组织。依据民法总则，自然人从出生时起到死亡时止，具有民事权利能力，依法享有民事权利，承担民事义务。境外自然人不仅包括境外的我国公民，也包括外国人、海外华人华侨以及港澳台同胞。境外法人包括在国外依法成立的企业法人、事业单位以及社会团体法人等，境外其他组织主要有外国政府、国际组织及外国民间组织等。

境外自然人、法人和其他组织向境内公共图书馆捐赠，需遵守我国相关法律法规，不能附加不符合我国法律、行政法规规定的条件，不能损害我国的国家利益。根据《中华人民共和国慈善法》规定，捐赠人捐赠的财产应当是其有权处分的合法财产，捐赠财产包括货币、实物、房屋、有价证券、股权、知识产权等有形和无形财产。捐赠人捐赠的实物应当具有使用价值，符合安全、卫生、环保等标准。捐赠人捐赠本企业产品的，应当依法承担产品质量责任和义务。

24. 为什么要对老少边穷地区公共图书馆事业发展给予扶持?

老少边穷地区主要集中于我国中西部地区，由于自然、历史等原因，经济社会发展水平相对滞后。以人均可支配收入为例，2017 年全国居民人均可支配收入 25974 元，贫困地区农村居民人均可支配收入只有 9377 元。受经济等多方面因素的制约，这些地区的公共图书馆事业出现设施网络不健全、经费投入不足、人才短缺、现代化技术条件薄弱、服务数量和质量偏低等现象，与发达地区相比有较大差距。以文献购置经费为例，2017 年，东部 9 省市公共图书馆的新增藏量购置费为 136940 万元，中部 10 省为 44693 万元，西部 11 省市为 37182 万元；5 个民族自治区的年新藏量购置费，最低的西藏只有

370万元，最高的广西也只有5470万元，这5个民族自治区的年新增藏量购置费总和为12610万元，不足江苏一个省18827万元的经费数量，区域经费不平衡问题比较严重。不仅如此，老少边穷地区地区藏书量少、人才紧缺，基础设施条件整体落后，公共图书馆事业亟待国家扶持。

25. 国家关于老少边穷地区公共图书馆建设有哪些扶持政策？

为扶持革命老区、民族地区、边疆地区和贫困地区的公共文化服务以及公共图书馆事业，促进社会公平正义和公共文化服务普遍均等，国家出台了一系列政策文件，例如，2011年中共中央、国务院印发《中国农村扶贫开发纲要（2011—2020年）》，要求按照“政府主导，分级负责”的基本原则，加大对革命老区、民族地区、边疆地区扶持力度。根据不同地区经济社会发展水平，因地制宜制定扶贫政策，实行有差异的扶持措施，并将公共文化列入农村扶贫工作十二个主要任务之一，提出到2020年健全完善广播影视公共服务体系，自然村基本实现通宽带，健全农村公共文化服务体系，基本实现每个国家扶贫开发工作重点县有图书馆、文化馆，乡镇有综合文化站，行政村有文化活动室等目标。2015年，中办、国办印发《关于加快构建现代公共文化服务体系的意见》，把推动老少边穷地区公共文化建设实现跨越式发展作为统筹推进公共文化服务均衡发展的重点任务之一，明确提出力争在较短时间内使老少边穷地区公共文化服务能力和水平有明显改善。公共文化服务保障法第八条规定，“国家扶助革命老区、民族地区、边疆地区、贫困地区的公共文化服务，促进公共文化服务均衡协调发展。”首次将国家扶助老少边穷地区公共文化政策上升到了法律。公共图书馆事业是提供公共文化服务的一种形式，也应强调地区间的均衡协调发展。公共图书馆法在公共文化服务保障法基础上，进一步明确要扶持革命老区、民族地区、边疆地区和贫困地区公共图书馆事业的发展，这是解决我国公共图书馆事业发展不平衡不充分问题的重要制度设计，体现了公共图书馆事业作为国家公共事业全面可持续发展的战略要求。

26. 为什么要推动现代科技和技术在公共图书馆的应用?

当今时代，互联网、大数据、云计算、人工智能等现代科技迅猛发展，一方面，公共图书馆采集文献信息的载体类型、规模结构、更新速度等都发生了巨大变化，整理保存文献信息的技术手段也加速迭代；另一方面，公共图书馆用户获取信息的渠道、方式、需求习惯等也在不断变革。这就要求公共图书馆要充分认识现代科技的重要性，更好地发挥科技在公共图书馆中的作用。

公共文化服务保障法第十一条规定，“国家鼓励和支持发挥科技在公共文化服务中的作用，推动运用现代信息技术和传播技术，提高社会公众的科学素养和公共文化服务水平。”明确了国家鼓励和支持公共文化服务与现代科技融合发展、充分发挥科技在公共文化服务中作用的原则。本法是对公共文化服务保障法原则的继承和发展。

国家鼓励和支持发挥科技在公共图书馆建设、管理、服务中的作用，推动应用现代信息技术和传播技术，近年来已有一系列相关政策制度依循。例如，2013 年 3 月，国务院印发《“宽带中国”战略及实施方案》，明确提出加快文化馆（站）、图书馆、博物馆等公益性文化机构和重大文化工程的宽带联网，实施“数字文化宽带应用示范工程”；2015 年 1 月，中办、国办印发《关于加快构建现代公共文化服务体系的意见》，要求统筹实施全国文化信息资源共享、数字图书馆博物馆建设、数字农家书屋、城乡电子阅报屏建设等项目，构建标准统一、互联互通的公共数字文化服务网络，在基层实现共建共享；2015 年 6 月，原文化部办公厅发布《文化部公共数字文化工程管理办法》，将“推进公共图书馆、文化馆等公共文化机构数字化服务”列为全国文化信息资源共享工程、数字图书馆推广工程、公共电子阅览室建设计划等公共数字文化工程重点任务之一；2015 年 8 月，国务院印发《促进大数据发展行动纲要》，首次明确提出建设数据强国，强调加强数字图书馆、档案馆、博物馆、美术馆和文化馆等公益设施建设；2017 年 5 月，中办、国办印发《国家“十三五”时期文化发展改革规划纲要》，要求适应社会主义市场经济和高新技术发展要求，全面推进文化内容的形式、方法手段、载体渠道等创新，推动数字图书馆建设，加强文化资源的数字化采集、保存和应用；等等。

27. 如何发挥科技在公共图书馆建设、管理和服务中的作用?

近年来，国家通过统筹实施全国文化信息共享工程、数字图书馆推广工程、公共电子阅览室计划等重点文化工程，推动各类现代信息技术和传播技术在公共图书馆得到广泛应用，对公共图书馆的建设、管理和服务产生了积极影响。

一方面，数字图书馆建设深入推进。截至 2017 年，数字图书馆推广工程已覆盖全国 41 家省级图书馆、486 家地市级图书馆，服务辐射 2900 多个县级图书馆。全国各级公共图书馆共有电子阅览终端 13.49 万台，县以上公共图书馆共建数字资源超过 1300TB。2017 年全年，由文化和旅游部主办的国家数字文化网（全国文化信息资源共享工程主站）登载各类文化信息 24525 条；累计提供音视频资源 69490 小时、284223 部/集，高清美术图片 30570 张，电子图书 2569 本，多媒体课件 3159 个等。

另一方面，大数据、人工智能等现代科技在公共图书馆阅读服务领域广泛应用，有效提升了社会公众阅读体验。例如，2016 年 8 月，国家图书馆联合中国机器人产业联盟等机构举办“机器人创想”科技体验活动，吸引 3 万余人参加；2017 年 4 月，杭州图书馆联合芝麻信用开通互联网信用借书服务，实现线上线下借还书业务融合互通；2017 年 12 月，深圳图书馆上线基于“互联网 +”和物联网技术的线上荐购与借阅一体化服务平台——“新书直通车”项目；等等。

就国家鼓励和支持发挥科技在公共图书馆建设、管理和服务中的作用，推动运用现代信息技术和传播技术的要求，本法还在其他相关条款中作了规定。例如，第三十一条要求，县级人民政府建立公共图书馆总分馆制时，应当完善数字化、网络化服务体系和配送体系；第四十条规定，国家构建标准统一、互联互通的公共图书馆数字服务网络，支持数字阅读产品开发和数字资源保存技术研究，推动公共图书馆利用数字化、网络化技术向社会公众提供便捷服务。

28. 为什么要鼓励和支持公共图书馆领域开展国际交流与合作？

公共文化服务保障法第十二条规定“国家鼓励和支持在公共文化服务领域开展国际合作与交流”。公共图书馆法在公共文化服务保障法基础上进一步对公共图书馆领域开展国际交流与合作作出了规定。

文化交流增进了我国与世界各国之间的相互了解，推动了我国与世界各国的共同发展进步。党的十九大报告明确要求“加强中外人文交流，以我为主、兼收并蓄。推进国际传播能力建设，讲好中国故事，展现真实、立体、全面的中国，提高国家文化软实力”。公共文化服务保障法第十二条规定“国家鼓励和支持在公共文化服务领域开展国际合作与交流”。本法在公共文化服务保障法基础上对公共图书馆领域开展国际交流与合作作出了规定。

公共图书馆作为各民族文明成果的保存和传承机构，是各民族人民了解彼此历史文化、理解彼此价值观念、学习彼此文明成果的重要窗口。近年来，在中阿[②]、中英、中澳、中美等双边或多边人文交流活动中，公共图书馆都发挥了积极作用。在以合作共赢为核心的新型国际关系中，公共图书馆在推动不同文明间的平等交流、互学互鉴、兼收并蓄方面还有很大的作为空间。同时，国家间、地区间的交流与合作，也为不同国家、不同地区公共图书馆之间开展更加深入的合作创造了条件。公共图书馆开展国际交流与合作，是讲好中国故事，展现真实、立体、全面的中国的重要途径和渠道。

本法规定国家鼓励和支持公共图书馆开展国际交流与合作，明确了公共图书馆在对外文化交流中所应发挥的作用，同时也为公共图书馆通过国际交流与合作提高建设、管理与服务水平提供了法律保障。公共图书馆开展国际交流与合作，涉及文献信息资源的共建共知共享、区域珍贵历史文明成果的保存保护、数字图书馆建设、专业技术人才培养、学术交流与业务培训等多个领域。

② 中国和阿拉伯国家。

29. 公共图书馆在保护和使用文献信息过程中，应当遵守哪些有关知识产权的法律法规？

公共图书馆在保护和使用馆藏文献信息的过程中，应当依法保护文献信息的知识产权，尤其要重视保护作品作者的合法权益，促进文学、艺术、科学作品的合法传播，更好地发挥公共图书馆的作用。公共图书馆馆藏中的图书报刊、音像制品、缩微制品、数字资源等文献信息都属于作品的范畴，在知识产权保护方面，应当遵守《中华人民共和国著作权法》《中华人民共和国著作权法实施条例》《信息网络传播权保护条例》《中华人民共和国专利法》《中华人民共和国商标法》等法律、行政法规的有关规定。

同时，公共图书馆可以根据有关法律、行政法规规定，合理使用知识产权，促进文献信息利用。例如，著作权法第二十二条规定，图书馆等为陈列或者保存版本的需要，复制本馆收藏的作品，可以不经著作权人许可，不向其支付报酬，但应当指明作者姓名、作品名称，并且不得侵犯著作权人依照本法享有的其他权利。著作权法实施条例第二十一条规定，依照著作权法有关规定，使用可以不经著作权人许可的已经发表的作品的，不得影响该作品的正常使用，也不得不合理地损害著作权人的合法利益。《信息网络传播权保护条例》第七条规定，图书馆等可以不经著作权人许可，通过信息网络向本馆馆舍内服务对象提供本馆收藏的合法出版的数字作品和依法为陈列或者保存版本的需要以数字化形式复制的作品，不向其支付报酬，但不得直接或者间接获得经济利益。当事人另有约定的除外。公共图书馆还可以根据著作权法对著作权保护期的规定，在尊重作者的署名权、修改权、保护作品完整权的前提下，通过复制、展览、信息网络传播、翻译、汇编等方式利用著作权保护期已经届满的古籍等文献信息；等等。

此外，公共图书馆除了遵守著作权保护的相关法律法规，在保护和利用文献信息过程中，还应当遵守专利权、商标权等其他知识产权相关法律法规，例如，专利法实施细则第九十一条，国务院专利行政部门应当提供专利公报、发明专利申请单行本以及发明专利、实用新型专利、外观设计专利单行本，供社会公众免费查阅。作为专利文献的收藏单位，公共图书馆也应当提供社会公众免费查阅。

30. 公共图书馆馆藏文献信息属于文物、档案或者国家秘密的，应当遵守哪些法律法规?

公共图书馆馆藏文献信息属于文物、档案或者国家秘密的，应当遵守的法律法规包括《中华人民共和国文物保护法》《中华人民共和国文物保护法实施条例》《文物认定管理暂行办法》《中华人民共和国档案法》《中华人民共和国档案法实施办法》《中华人民共和国保守国家秘密法》《中华人民共和国保守国家秘密法实施条例》等。

根据文物保护法第二条第四项规定，历史上各时代重要的文献资料以及具有历史、艺术、科学价值的手稿和图书资料等文物受国家保护。公共图书馆馆藏中的文献资料、手稿和图书资料等文献信息属于文物的，应当遵守文物保护法和文物保护法实施条例等相关法律法规。例如，文物保护法第三十六条第一款规定，博物馆、图书馆和其他文物收藏单位对收藏的文物，必须区分文物等级，设置藏品档案，建立严格的管理制度，并报主管的文物行政部门备案。第四十七条规定，博物馆、图书馆和其他收藏文物的单位应当按照国家有关规定配备防火、防盗、防自然损坏的设施，确保馆藏文物的安全。文物保护法实施条例第二十八条规定，文物收藏单位应当建立馆藏文物的接收、鉴定、登记、编目和档案制度，库房管理制度，出入库、注销和统计制度，保养、修复和复制制度。公共图书馆应当对馆藏文物，区分文物等级，设置藏品档案，建立必要的管理制度，并报主管的文物行政部门备案，还应当配备保护文物安全的防火、防盗、防自然损坏的设施设备。同时，本法第三十二条规定，公共图书馆馆藏文献信息属于文物的，可以与档案馆、博物馆、纪念馆等单位开展合作。

根据档案法第二条规定，档案，是指过去和现在的国家机构、社会组织以及个人从事政治、军事、经济、科学、技术、文化、宗教等活动直接形成的对国家和社会有保存价值的各种文字、图表、声像等不同形式的历史记录。公共图书馆的馆藏文献信息属于档案的，应当遵守档案法和档案法实施办法等法律法规，例如，档案法第十二条规定，博物馆、图书馆、纪念馆等单位保存的文物、图书资料同时是档案的，可以按照法律和行政法规的规定，由上述单位自行管理。档案馆与上述单位应当在档案的利用方面互相协作。档案法实施办法第十四条规定，既是文物、图书资料又是档案的，档案馆可以与博物馆、图书馆、纪念馆等单位相互交换重复件、复制件或者目录，联合举办展览，共同编辑出版有关史料或者进行史料研究。公共图书馆可以按照上述规定，自行管理属于档案的文献信息，并与档案馆、博物馆开展档案利用互相协作。同时，本法第三十二条规定，公共图书馆馆藏文献信息属于档案的，可以与档案馆、博物馆、纪念馆等单位开展合作。

根据保守国家秘密法第二条规定，国家秘密，是关系国家安全和利益，依照法定程序确定，在一定时间内只限一定范围的人员知悉的事项。公共图书馆的馆藏文献信息属于国家秘密的，应当遵守保守国家秘密法及保守国家秘密法实施条例的相关法律法规。例如，保守国家秘密法第二十六条规定，禁止非法复制、记录、存储国家秘密。禁止在互联网及其他公共信息网络或者未采取保密措施的有线和无线通信中传递国家秘密。《保守国家秘密法实施条例》第二十一条规定，保存国家秘密载体的场所、设施、设备，应当符合国家保密要求。公共图书馆应当按照上述规定，不得非法复制、记录、存储国家秘密，不得通过信息网络传递国家秘密。

31. 公共图书馆行业组织包括哪些？

行业组织是指依法成立，为实现会员共同意愿，按照法律及其章程开展活动的非营利性社会组织。行业组织在提供决策咨询、服务行业发展、规范市场秩序、扩大对外交往等方面发挥积极作用。公共图书馆行业组织作为吸纳公共图书馆及其从业人员参与的文化行业组织，是党和政府联系公共图书馆工作的桥梁和纽带。目前与公共图书馆密切相关的行业组织主要有中国图书馆学会、中国古籍保护协会、中国文献影像技术协会等全国性图书馆行业组织，以及地方图书馆协会和学会。其中，中国图书馆学会（原中华图书馆协会）成立于 1925 年，是由图书馆及相关行业或机构科技工作者自愿结合、依法登记成立的全国性、学术性、非营利性的社会组织，下设公共图书馆分会等多个分支机构及地方学会。其中，公共图书馆分会于 2016 年正式成立，设有图书馆创新工作委员会、图书馆政策研究工作委员会、图书馆标准化工作委员会等 14 个专业委员会，旨在引领公共图书馆事业创新发展，提升公共图书馆服务品质，扩大图书馆行业交流，促进图书馆资源共享，鼓励社会合作与开放。中国古籍保护协会成立于 2015 年，是由全国古籍收藏、保护修复、整理出版研究等有关企事业单位、社会团体和相关机构及个人自愿组成的全国性、行业性、非营利性社会组织，下设分支机构包括传统写印材料研究专业委员会、古籍保护志愿服务委员会、文化志愿者联合会等。中国文献影像技术协会（原中国缩微摄影技术协会）成立于1994年，是联系全国文献影像技术工作者的全国性社团组织，下设机构包括秘书处、组织宣传工作委员会、学术工作委员会、教育培训工作委员会、编辑出版委员会等。地方图书馆行业组织一般由本地区各类型图书馆共同参与建设，主要包括图书馆学会和图书馆行业协会两种类型。目前，北京、海南、杭州成立了图书馆行业协会，上海先后成立了上海市图书馆学会及上海市图书馆行业协会，其余各省、自治区、直辖市及十五个副省级城市均成立了图书馆学会。其中，部分地方图书馆行业组织设有专门的公共图书馆分会或专业委员会，例如，湖南省公共图书馆学会理事会下设公共图书馆委员会等专业工作机构，甘肃省图书馆学会下设公共图书馆、少儿图书馆工作委员会分会等分支机构。

32. 公共图书馆行业组织在公共图书馆事业中发挥着什么样的作用?

公共图书馆行业组织在制定行业规范，加强行业自律，维护会员合法权益，指导、督促会员提高服务质量等方面发挥着重要且积极的作用。

一、制定行业规范

行业规范是全行业共同遵守的行为规范，行业组织制定行业规范一般有两种形式：一是行业成员的行动准则和道德规范，一般由行业成员根据社会公序良俗，结合行业特点协商约定，由行业组织以行业公约、宣言、声明等形式予以公布，行业内共同信守；二是与本行业工作相关的管理、服务及业务技术规范，一般应根据本行业发展需要，在对相关领域研究成果及实践经验进行深入调查和全面总结的基础上研究制定。

二、加强行业自律

行业自律是行业内部自主形成并用以自我约束的思想理念、行为习惯、运作机制，是行业或行业内成员对社会的誓约或承诺。加强公共图书馆行业自律，是公共图书馆完善内部管理机制、提高自身服务质量的迫切需要，是构建公共图书馆服务体系的客观要求，也是推进公共图书馆法治环境建设的重要内容。行业组织可通过建立健全行业规则、标准和服务规范，开展行业自律交流培训，组织行业自律宣传、表彰活动等方式，推动公共图书馆及其从业人员加强行业自律。近年来，我国图书馆领域在行业自律方面取得了积极成果。

三、维护会员合法权益

公共图书馆行业组织会员包括公共图书馆及其从业人员。会员合法权益是会员依法应当享有的权利与利益，一般包括行业组织内的选举权、被选举权和表决权，对行业组织工作的批评建议权和监督权，优先或优惠参与本行业组织举办的各类学术交流活动、接受业务培训指导的权利，入会自愿、退会自由的权利等，其中，个人会员还享有法律赋予的其他公民权益。公共图书馆行业组织根据《社会团体登记管理条例》要求制定章程，依法对会员权益进行约定，但不得与国家利益、社会公共利益以及其他组织和公民的合法权益相冲突。公共图书馆行业组织可通过定期举行会员大会和会员代表大会等方式，遴选会员参与组织管理，听取会员意见，接受会员监督；通过搭建会员综合服务平台，举办学术会议、业务培训等活动，为会员之间的交流学习和成长进步提供支持。公共图书馆行业组织应将会员权益明确写入章程，并严格遵守和落实，切实保障和维护会员权益。

四、指导、督促会员提高服务质量

公共图书馆为公共文化设施，向社会提供公共文化服务，其服务质量的高低对于衡量公共图书馆服务效能和运营、管理水平具有重要意义。公共图书馆行业组织一般通过制定行业规范、组织开展行业交流及学术研讨、开展业务培训、组织项目合作、定期考核评估等方式，加强对会员单位和从业人员的指导与督促，积极为各级公共图书馆、特别是城乡基层公共图书馆培养适用人才，为提升公共图书馆服务质量提供基础保障，帮助其不断强化社会责任，坚定文化自信，增强文化自觉。同时，公共图书馆行业组织还应当抓住政府转变职能的机遇，充分发挥行业组织对公共服务进行监督、评价的功能，通过科学有效的评估活动，引导和促进公共图书馆提升服务质量。

33. 公共图书馆行业组织的建设和发展应当遵循哪些相关法律、行政法规规定?

公共图书馆行业组织的建设和发展应当自觉遵守《社会团体登记管理条例》《全国性行业协会商会负责人任职管理办法（试行）》《文化部社会组织管理暂行办法》，以及《中华人民共和国公共文化服务保障法》《中华人民共和国标准化法》等有关法律、行政法规的规定。

《社会团体登记管理条例》第二条第一款规定："本条例所称社会团体，是指中国公民自愿组成，为实现会员共同意愿，按照其章程开展活动的非营利性社会组织。"公共图书馆行业组织属于该条例规定范畴内，应依据该条例的规定进行登记管理。第四条规定："社会团体必须遵守宪法、法律、法规和国家政策，不得反对宪法确定的基本原则，不得危害国家的统一、安全和民族的团结，不得损害国家利益、社会公共利益以及其他组织和公民的合法权益，不得违背社会道德风尚。社会团体不得从事营利性经营活动。"

《全国性行业协会商会负责人任职管理办法（试行）》规定了全国性行业协会商会负责人应当具备的基本任职条件，包括坚持中国共产党领导，拥护中国特色社会主义，坚决执行党的路线方针政策；遵纪守法，勤勉尽职，个人社会信用记录良好；具备相应的专业知识、经验和能力，熟悉行业情况；身体健康，能正常履责，年龄界限为70周岁；具有完全民事行为能力；没有法律法规禁止任职的其他情形。

原文化部出台的《文化部社会组织管理暂行办法》，规定了文化部业务主管的社会团体、基金会、民办非企业单位的成立条件、组织建设、监督管理等方面内容，其中规定，成立社会团体应以促进文化艺术事业的发展繁荣为宗旨，符合社会组织布局结构要求；属于文化部主管的业务范围，有规范的名称、组织机构、固定的住所和相应的专职工作人员，有独立承担民事责任的能力。

《中华人民共和国公共文化服务保障法》对公共文化服务领域社会组织明确予以支持，第五十三条规定："国家鼓励和支持公民、法人和其他组织依法成立公共文化服务领域的社会组织，推动公共文化服务社会化、专业化发展。"

《中华人民共和国标准化法》（2017 年修订）第十八条第一、二款规定："国家鼓励学会、协会、商会、联合会、产业技术联盟等社会团体协调相关市场主体共同制定满足市场和创新需要的团体标准，由本团体成员约定采用或者按照本团体的规定供社会自愿采用。制定团体标准，应当遵循开放、透明、公平的原则，保证各参与主体获取相关信息，反映各参与主体的共同需求，并应当组织对标准相关事项进行调查分析、实验、论证。"

此外，地方性的公共图书馆行业组织，还应当遵循本地区相关法律法规要求。

34. 如何建立公共图书馆领域的表彰奖励制度?

公共文化服务保障法第十三条规定，“国家鼓励和支持公民、法人和其他组织参与公共文化服务。对在公共文化服务中作出突出贡献的公民、法人和其他组织，依法给予表彰和奖励。”公共图书馆法在公共文化服务保障法基础上进一步规定，对在公共图书馆事业发展中作出突出贡献的组织和个人，按照国家有关规定给予表彰和奖励。表彰侧重于精神层面的褒扬，而奖励侧重于物质层面的鼓励。建立公共图书馆领域的表彰奖励制度，需要明确以下几个方面的问题。

一是明确表彰和奖励的主体。按照公共文化服务保障法第十三条第二款以及公共图书馆法第十二条的规定，表彰和奖励的实施主体是各级人民政府，国家给予的表彰和奖励属于公共图书馆事业荣誉体系范畴的最高层次。各级人民政府对表彰奖励获得者可颁发奖章、奖牌或证书等。

二是明确表彰和奖励的对象。表彰和奖励的对象包括组织和个人。其中，组织既包括各类型图书馆，也包括图书馆以外的各类社会组织；个人包括图书馆馆长及工作人员。表彰奖励获得者应当珍视并保持荣誉，自觉维护表彰奖励的声誉。

三是明确表彰和奖励的前提条件。在公共图书馆事业发展中作出突出贡献，是指在特定时期内，组织或个人的行为给公共图书馆事业发展带来直接的、显著的、重要的影响和成效。例如，为公共图书馆建设作出突出贡献，包括兴建和捐建公共图书馆，捐资或捐赠设备和文献信息达到一定规模，以及在与政府合作共建公共图书馆过程中作出突出贡献；为公共图书馆运行管理作出突出贡献，包括基础业务建设的重大成果，以及在管理上作出突出贡献；为公共图书馆服务作出突出贡献，包括服务领域的重大项目和重大成果，以及在服务绩效与创新上作出突出贡献；为公共图书馆体系化、法治化、标准化作出突出贡献，包括公共图书馆服务体系建设的重大项目与重大成果，以及推动政策发展，为制定、宣传和贯彻实施公共图书馆法、公共图书馆相关标准作出突出贡献；为公共图书馆理论研究、技术发展和专业教育作出突出贡献，包括推进公共图书馆理论研究与指导实践的重大理论成果与应用成果、推进图书馆技术发展的重大技术成果，以及在图书馆学专业教育和公共图书馆业务培训领域作出突出贡献；等等。

四是明确表彰和奖励的依据。对在公共图书馆事业发展中作出突出贡献的组织和个人给予表彰和奖励，应遵守国家法律、法规及相关政策规定。例如，劳动法第六条规定，“国家提倡劳动者参加社会义务劳动，开展劳动竞赛和合理化建议活动，鼓励和保护劳动者进行科学研究、技术革新和发明创造，表彰和奖励劳动模范和先进工作者”；国家勋章和国家荣誉称号法第四条第一款规定，“国家设立国家荣誉称号，授予在经济、社会、国防、外交、教育、科技、文化、卫生、体育等各领域各行业作出重大贡献、享有崇高声誉的杰出人士”；公益事业捐赠法第八条第三款规定，“对公益事业捐赠有突出贡献的自然人、法人或者其他组织，由人民政府或者有关部门予以表彰……”；国务院《事业单位人事管理条例》第二十五条规定，“事业单位工作人员或者集体有下列情形之一的，给予奖励：（一）长期服务基层，爱岗敬业，表现突出的；（二）在执行国家重要任务、应对重大突发事件中表现突出的；（三）在工作中有重大发明创造、技术革新的；（四）在培养人才、传播先进文化中作出突出贡献的；（五）有其他突出贡献的”，第二十六条“奖励坚持精神奖励与物质奖励相结合、以精神奖励为主的原则”。第二十七条“奖励分为嘉奖、记功、记大功、授予荣誉称号”；党的十七届六中全会通过《中共中央关于深化文化体制改革推动社会主义文化大发展大繁荣若干重大问题的决定》，要求“落实国家荣誉制度，抓紧设立国家级文化荣誉称号，表彰奖励成就卓著的文化工作者”；等等。

第二章　设　立

35. 什么是公共图书馆服务网络?

公共图书馆服务网络是指由省、市、县级公共图书馆以及乡镇（街道）综合文化中心图书室和村（社区）综合文化中心图书室（含农家书屋）构成的，到馆服务、流动服务和自助服务（含数字服务）相结合的，互联互通、资源共享的公共图书馆设施网络和组织体系。

公共图书馆服务网络是一个“覆盖城乡、便捷实用”的服务网络。“覆盖城乡”是对公共图书馆服务网络布局的要求，“便捷实用”是对公共图书馆服务网络功能效用的要求。为此，本法第十三条第一款明确规定公共图书馆服务网络建设的目标是：“覆盖城乡、便捷实用”。实现公共图书馆服务网络“覆盖城乡”，重点是推动公共图书馆服务网络进一步向城乡基层延伸，一方面加强乡镇（街道）和村（社区）基层综合文化中心图书室等固定设施建设，使城乡居民都能就近获取公共图书馆的资源与服务；另一方面依托市、县级图书馆，深入开展流动服务和数字化、网络化服务，通过互联互通的服务网络，实现公共图书馆资源与服务的城乡共享。实现公共图书馆服务网络“便捷实用”，重点是加强公共图书馆布局的统筹规划和功能的优化设计，使其既便于服务的开展，也方便公众利用。本法还规定了县级以上人民政府在确定公共图书馆数量、规模、结构和分布时应当考虑的因素，本法第四十条对国家推动公共图书馆利用数字化、网络化技术向社会公众提供便捷服务作出了规定。公共图书馆服务网络建设要以“实用”为目的，其建筑设计还应当符合公共图书馆的功能特点和服务需求。例如，《公共图书馆服务规范》要求，公共图书馆建筑功能总体布局应遵循以读者服务为中心，与图书馆的管理方式和服务手段相适应，做到分区明确、布局合理、流线通畅、安全节能、朝向和通风良好；少年儿童阅览区应与成人阅览区分开，宜设置单独的出入口，有条件的可设室外少年儿童活动场地；等等。

36. 公共图书馆服务网络的建设主体及职责划分是怎样的？

本法明确公共图书馆服务网络建设的主体是国家，并规定公共图书馆服务网络建设应坚持政府主导，鼓励社会力量参与的原则。政府作为公共文化服务资源配置的主体，应当在公共图书馆服务网络建设的统筹协调、规划布局、资金保障等方面发挥主导作用。政府主导并不是政府包办，在政府主导的基础上引导和鼓励社会力量广泛参与，是公共图书馆服务网络建设的基本原则之一。公共文化服务保障法第二条将“政府主导、社会力量参与”作为公共文化服务的重要特征写入其定义。本法第四条规定，国家鼓励公民、法人和其他组织自筹资金设立公共图书馆，县级以上人民政府应当积极调动社会力量参与公共图书馆建设，并按照国家有关规定给予政策扶持。对于社会力量设立或参与建设的公共图书馆，政府应当采取措施，将其纳入公共图书馆服务网络。

37. 公共图书馆服务网络的建设依据包括哪些方面?

本法第十三条第二款明确县级以上人民政府建设公共图书馆服务网络的依据包括本行政区域内人口数量、人口分布、环境和交通条件等因素，并强调要“因地制宜”，这与公共文化服务保障法第十五条关于县级以上地方人民政府应当“结合当地经济社会发展水平、人口状况、环境条件、文化特色，合理确定公共文化设施的种类、数量、规模以及布局”的要求是一致的，有利于充分发挥公共图书馆设施网点作用，提高服务效能，避免重复浪费。

一、人口数量和人口分布

公共图书馆建设以人为本，依据所在地区服务人口的数量、分布等情况确定公共图书馆建设的数量、规模、结构和布局，是实现公共图书馆普遍均等服务的基本要求，符合我国实际情况，也与国际通行原则相一致。2008 年颁布实施的《公共图书馆建设标准》（建标 108—2008）和《公共图书馆建设用地指标》（建标〔2008〕74 号）明确提出了以服务人口作为公共图书馆建设主要依据的原则，根据人口状况的不同对各地区公共图书馆的数量、规模、结构和分布分别提出了指导意见。例如，关于公共图书馆的数量和规模，《公共图书馆建设用地指标》（建标〔2008〕74号）针对地区不同人口规模分别提出了大、中、小型图书馆数量配置建议。关于公共图书馆规模，《公共图书馆建设标准》（建标108—2008）规定，新建、改建和扩建的公共图书馆规模，应以服务人口数量和相应的人均藏书量、千人阅览座席指标为基本依据，兼顾服务功能、文献资源数量与品种和当地经济发展水平确定。关于公共图书馆的结构和布局，《公共图书馆建设标准》（建标108—2008）以服务人口为依据，分别对大、中、小型公共图书馆各类用房使用面积比例提出了指导意见。

二、环境和交通条件

环境和交通条件也是公共图书馆建设要考虑的重要因素。公共图书馆作为面向社会公众提供服务的公共文化设施，其选址宜充分考虑当地地理、气候、文化、政治、经济等多方面环境因素。《公共文化体育设施条例》第十一条规定，公共文化体育设施的建设选址，应当符合人口集中、交通便利的原则。《公共图书馆建设标准》（建标108—2008）要求，公共图书馆选址宜位于人口集中、交通便利、环境相对安静、符合安全和卫生及环保标准的区域。公共图书馆建设，还应当综合考虑城乡差异、地域差异和社区文化差异，综合应用固定设施、流动设施和自助设施等，对服务网点进行统筹布局，确保其建成后能充分发挥效益。

总体而言，因地制宜确定公共图书馆的数量、规模、结构和分布，应满足以下几项要求：（1）根据城镇化发展趋势和城乡常住人口变化，统筹城乡公共图书馆设施布局，均衡配置公共图书馆资源。（2）按照普遍均等的要求，实现公共图书馆设施对全体社会公众的全覆盖，让所有人都能公平、便捷地利用公共图书馆。（3）建立公共图书馆有效服务半径的理念，按照方便可及的原则，实现设施对所有人群的全覆盖。（4）不重复建设。在某个公共图书馆相应的服务半径内不应再建设另一个公共图书馆，以避免重复设置。（5）着眼于形成体系，即构建馆舍服务、流动服务和自助服务相结合的公共图书馆服务网络。（6）合理确定公共图书馆的选址，把公共图书馆建在人口聚集、交通方便的地方，以方便公众的利用。

38. 为什么特别强调县级以上人民政府在设立公共图书馆方面的主体责任？

本法第十四条第一款规定，县级以上人民政府应当设立公共图书馆。法律中“应当”即必须的意思，明确了县级以上人民政府设立公共图书馆的责任。截至2017年年底，我国已建有省级公共图书馆39个，地市级公共图书馆373个，县级公共图书馆2754个，基本实现“县县有图书馆”。但与此同时，仍有部分地市和县尚未建立公共图书馆。本法规定县级以上人民政府应当设立公共图书馆，为公共图书馆设施空白的地区进行公共图书馆的新建工作提出了强制性要求。

政府设立公共图书馆的原则是分级设立。分级设立，是指省（直辖市、自治区）、地级市（地区、自治州、盟）、县（县级市、旗、自治县、区）各级政府都应当设立公共图书馆。“分级设立”和“县县有公共图书馆”不能简单理解为每个县设立一个公共图书馆，而应当根据本法第十三条关于公共图书馆服务网络建设的规定，依据本行政区域内人口数量、人口分布、环境和交通条件等因素，因地制宜确定公共图书馆的数量，具体可参照《公共图书馆建设用地指标》（建标〔2008〕74号）、《公共图书馆建设标准》（建标108—2008）等标准。

建设覆盖城乡的公共图书馆服务网络需要统筹规划，需要大量的资金投入，需要强有力的组织协调，只有县级以上人民政府才有这个能力。在公共图书馆服务网络中，乡镇（街道）和村（社区）是公共图书馆服务网络的枢纽和终端，其本身不能单独构成服务网络。乡镇（街道）和村（社区）是公共图书馆服务网络建设的薄弱环节，财力不足、资源有限。因此，建设公共图书馆服务网络，首先要建设好县和省、市级公共图书馆，并以此为依托推动乡镇（街道）和村（社区）综合文化中心图书室建设，形成覆盖城乡的公共图书馆服务网络。这就是本法特别强调了县级以上人民政府设立公共图书馆的责任的原因。

39. 地方人民政府可利用乡镇（街道）和村（社区）的哪些综合服务设施面向城乡居民提供公共图书馆服务？

本法第十四条第二款规定："地方人民政府应当充分利用乡镇（街道）和村（社区）的综合服务设施设立图书室，服务城乡居民。"地方人民政府包括省、直辖市、县、市、市辖区、乡、民族乡、镇的人民政府。

近年来，我国公共图书馆服务网络建设成效明显，但总体上看，薄弱环节仍然在基层、在农村，广大城乡基层现有的公共图书馆设施和服务与人民群众对公共图书馆的需求相比还有明显差距。2009 年，原文化部颁布《乡镇综合文化站管理办法》，要求乡镇综合文化站"在县级图书馆的指导下，开办图书室，开展群众读书读报活动，为当地群众提供图书报刊借阅服务"。2013 年，党的十八届三中全会通过《中共中央关于全面深化改革若干重大问题的决定》，明确提出"建设综合性文化服务中心"的任务。2015 年，国务院办公厅印发《关于推进基层综合性文化服务中心建设的指导意见》，要求"以基层综合性文化服务中心为依托……推进县域内公共图书资源共建共享和一体化服务，加强村（社区）及薄弱区域的公共图书馆借阅服务，整合农家书屋资源，设立公共图书馆服务体系基层服务点，纳入基层综合性文化服务中心管理和使用"。

乡镇（街道）和村（社区）的综合服务设施内图书室可

参考《乡镇综合文化站管理办法》《乡镇综合文化站建设标准》和《关于推进基层综合性文化服务中心建设的指导意见》等相关规定进行建设和管理，并根据本法第三十一条规定，纳入以县级公共图书馆为总馆的总分馆制建设，作为县级图书馆总分馆体系中的分馆或基层服务点。

近几年，农家书屋建设取得重大进展，全国已建成农家书屋60万家，藏书总量超过10亿册，基本实现行政村全覆盖。农家书屋是在行政村建立的、农民自己管理的、能提供农民使用的书报刊和音像电子产品阅读视听条件的公共文化设施，它和村图书室的功能是一样的，许多农家书屋就设在村综合性文化服务中心内。已建有农家书屋的村不再重复设立图书室，但要把农家书屋纳入公共图书馆服务网络，实现资源共享。

40. 设立公共图书馆应当具备哪些条件？

本法第十五条规定了公共图书馆设立应具备的六个条件，只有同时具备了这六个条件，才能设立公共图书馆并向登记管理机关提出申请登记。该规定对于政府设立的公共图书馆和社会力量设立的公共图书馆均适用。

一、章程

公共图书馆章程是公共图书馆办馆的基础性文件，设立公共图书馆应当有其章程。本法第十六条明确规定，公共图书馆章程的内容应当包括名称、馆址、办馆宗旨、业务范围、管理制度及有关规则、终止程序和剩余财产的处理方案等事项。

二、固定的馆址

公共图书馆是面向社会公众提供服务的公共场所，只有具备固定馆址，才能正常开展服务活动，固定馆址是公共图书馆接待用户到馆并提供文献查询、借阅和相关服务的基础和前提条件。根据《事业单位登记管理暂行条例》的规定，申请事业单位法人登记应当有自己的场所并提供场所使用权证明；根据《民办非企业单位登记管理暂行条例》的规定，申请民办非企业单位登记要有必要的场所并提供场所使用权证明。

三、与功能相适应的馆舍面积、阅览座席、文献信息和设施设备

根据本法第二条规定，公共图书馆的基本功能包括收集、整理、保存文献信息并提供查询、借阅和相关服务，开展社会教育等。在此基础上，不同类型、不同层级的公共图书馆还分别承担不同的特殊功能，例如，本法第二十四条规定，政府设立的公共图书馆应当系统收集地方文献信息，保存和传承地方文化；第三十一条规定，县级公共图书馆应当承担总分馆制中的总馆角色；此外，根据本法第二十六条规定，国家图书馆和所在地省级公共图书馆还应当按照国家有关规定接受出版单位交存的正式出版物。

公共图书馆发挥上述功能，需要有相应的馆舍、阅览座席、文献信息和设施设备。《公共图书馆建设标准》（建标

108—2008）、《公共图书馆建设用地指标》（建标〔2008〕74号）、《公共图书馆服务规范》（GB/T 28220—2011）、《图书馆建筑设计规范》等标准规范对公共图书馆建筑面积及各功能区域面积、阅览座席数量、馆藏规模及更新速度、设施设备配置提出了具体建议，政府及公民、法人、其他组织在设立公共图书馆时应参照执行。例如：《公共图书馆建设标准》（建标 108—2008）根据区域人口数量，分别对大、中、小型图书馆的馆舍面积、阅览座席和馆藏数量提出建议，并指出，公共图书馆应有藏书、借阅、咨询服务、公共活动与辅助服务（培训、讲座、展览、活动等）、业务、行政办公、技术设备、后勤保障八类用房区域，其中藏书区和借阅区使用面积应占总使用面积的 55%～60%。《公共图书馆服务规范》（GB/T 28220—2011）分别对省级馆、地级馆、县级馆的计算机设备、信息节点、网络带宽、馆藏文献总量和年新增藏量等指标提出建议标准，并对公共图书馆根据当地居民特点和文献信息需求入藏外文文献、少数民族语言文献提出了要求。《图书馆建筑设计规范》对公共图书馆的给水排水、采暖、通风、空气调节、电气、网络、综合布线等设施设备配备进行了规范指导，其中特别对图书馆作为公共场所的防火设计提出了强制要求，要求“基本书库、特藏书库、密集书库与其毗邻的其他部位之间应采用防火墙和甲级防火门分隔”。

本法第三十四条还对政府设立的公共图书馆开展面向特殊群体服务所应配置的馆舍空间、文献信息和设施设备作出了规定，包括“设置少年儿童阅览区域”“考虑老年人、残疾人等群体的特点，积极创造条件，提供适合其需要的文献信息、无障碍设施设备和服务等”。

四、与功能和馆藏规模相适应的工作人员

公共图书馆要很好地开展所确定的业务活动，必须具备与业务活动相适应的从业人员。本法第十九条规定，公共图书馆应根据其功能、馆藏规模、馆舍面积、服务范围和人口等因素配备相应的工作人员。公共图书馆对从业人员有一定的数量和技术或技能方面的要求，从业人员必须符合规定的要求。本法第三十四条规定，政府设立的公共图书馆应当根据少年儿童的特点配备相应的专业人员。相关标准规范对公共图书馆工作人员有具体的要求，可参照执行。例如，《公共图书馆服务规范》（GB/T 28220—2011）规定，公共图书馆工作人员数量应以所在区域服务人口数为依据；每服务人口 10000 人～25000 人应配备 1 名工作人员，其中具有相关学科背景的专业技术人员应占全体工作人员的 75% 以上；少数民族自治地区公共图书馆要配备熟悉少数民族语言文字的专业技术人员。

五、必要的办馆资金和稳定的运行经费来源

必要的办馆资金和稳定的运行经费是保证公共图书馆能正常开展业务活动、促进其宗旨确定的事业发展的经济基础和必要条件。其中，办馆资金即公共图书馆的开办资金，是指公共图书馆被核准登记时可用于承担民事责任的全部财产的货币体现，包括举办单位或者出资人授予公共图书馆自主支配的财产和公共图书馆的自有财产。办馆资金不包括代为管理的基础设施和资源性资产，借贷款、合同预收款、合同应付款，职工福利费、保险金、住房公积金等专用基金，规定了使用方向，不能用于民事赔偿的他人资助的资产，按照法律、法规规定不能用于民事赔偿的其他资产。运行经费来源是指公共图书馆的收入渠道，公共图书馆运行经费一般包括文献信息的收集、整理、保存经费，服务经费，设施设备运行维护经费，人员经费和办公经费等。

根据本法第四条规定，政府设立的公共图书馆，其办馆资金和运行经费主要来源于政府的财政投入，县级以上人民政府应当加大对政府设立的公共图书馆的投入，将所需经费列入本级政府预算，并及时、足额拨付。社会力量设立的公共图书馆，应当自筹资金保障其开办及稳定运行。

六、安全保障设施、制度及应急预案

公共文化服务保障法第二十二条规定，公共文化设施管理单位应当建立健全安全管理制度，开展公共文化设施及公众活动的安全评价，依法配备安全保护设备和人员，保障公共文化设施和公众活动安全。本法的规定是对公共文化服务保障法上述要求在公共图书馆领域的具体落实。

国家现行有关政策及图书馆领域行业标准对公共图书馆安全保障设施、安全管理制度和安全应急预案作出了具体规定。例如，《公共文化体育设施条例》第二十五条规定，公共文化体育设施管理单位应当建立、健全安全管理制度，依法配备安全保护设施、人员，保证公共文化体育设施的完好，确保公众安全；《图书馆建筑设计规范》（GB/T 28220—2011）要求，藏书量超过100万册的高层图书馆、书库，建筑耐火等级应为一级，除藏书量超过100万册的高层图书馆、书库外的图书馆、书库，建筑耐火等级不应低于二级，特藏书库的建筑耐火等级应为一级；网络安全法第十条规定，建设、运营网络或者通过网络提供服务，应当依照法律、行政法规的规定和国家标准的强制性要求，采取技术措施和其他必要措施，保障网络安全、稳定运行，有效应对网络安全事件，防范网络违法犯罪活动，维护网络数据的完整性、保密性和可用性；等等。本法第二十八条也明确规定，公共图书馆应当配备防火、防盗等设施，并按照国家有关规定和标准对古籍和其他珍贵、易损文献信息采取专门的保护措施，确保安全。

41. 公共图书馆章程应当包含哪些内容？

根据本法第十五条规定，政府及社会力量设立公共图书馆，应当制定章程。本法第十六条对章程应当包含的内容要素作了规定。

一、名称、馆址

民法总则规定，法人应当有自己的名称、组织机构、住所、财产或者经费。名称和馆址是公共图书馆注册为法人的基本要素。《事业单位登记管理暂行条例》规定，申请事业单位法人登记应当有自己的名称、组织机构和场所；《民办非企业单位登记管理暂行条例》规定，申请登记民办非企业单位应当有规范的名称、必要的组织机构和必要的场所。根据《事业单位登记管理暂行条例实施细则》《民办非企业单位名称管理暂行规定》等相关规定，规范的公共图书馆名称一般由字号、业务领域、组织形式等部分构成，确定的名称一般应用汉字表达，但在民族自治地方可同时使用本民族自治地方通用的民族文字。政府设立的公共图书馆，名称一般应当冠以所在地行政区划的名称；公民、法人和其他组织设立的公共图书馆，名称一般不冠以所在地行政区划的名称。公共图书馆馆址的法定地址，是其主要办事机构所在地，章程中应载明馆址的详细地址。

二、办馆宗旨、业务范围

办馆宗旨是指公共图书馆设立的目的和为之而完成的事业，它是公共图书馆存在和发展的动力，也是确定公共图书馆业务范围的主要依据。业务范围是指公共图书馆所从事的行业、服务项目的种类，公共图书馆业务范围应当符合宗旨的要求，符合本法的规定，并与其资金、场地、设备、从业人员以及技术力量相适应。公共图书馆的业务范围在章程中确定，经登记管理机关核准登记，公共图书馆应当按核准的业务范围开展活动。

三、管理制度及有关规则

管理制度是为了确保公共图书馆有序运转所作出的系列制度安排，包括：组织管理制度，如组织机构的设置及分工、岗位管理办法等；业务管理制度，如馆藏发展政策及服务规范等；资产管理制度，如文献信息处置制度、设施设备管理制度等；安全管理制度，如消防安全管理制度、网络安全管理制度等。根据本法第二十三条规定建立法人治理结构的公共图书馆，其章程还应包括其法人治理结构的构成、决策机制、运行方式等。

四、终止程序和剩余资产的处理方案

民法总则第五条规定，民事主体从事民事活动，应当遵循自愿原则，按照自己的意思设立、变更、终止民事法律关系。公共图书馆作为依法设立的民事主体，其终止也应当按照法定程序进行，公共图书馆章程应载明其终止程序，包括资产清算、注销登记等。民法总则第九十五条规定，为公益目的成立的非营利法人终止时，不得向出资人、设立人或者会员分配剩余财产。剩余财产应当按照法人章程的规定或者权力机构的决议用于公益目的；无法按照法人章程的规定或者权力机构的决议处理的，由主管机关主持转给宗旨相同或者相近的法人，并向社会公告。公共图书馆属于该条规定的“为公益目的设立的非营利法人”范畴，应根据该条规定明确其终止时剩余资产的处置办法，并在章程中予以明确。

42. 国家关于公共图书馆的设立、变更、终止的登记手续有哪些相关规定？

建立健全公共图书馆登记管理制度，对公共图书馆进行依法登记，是国家确认其合法性的基本形式，也是公共图书馆取得社会承认的法定渠道。登记制度的确立意味着，在我国，公共图书馆只有依法登记才能行使国家赋予的各项权利，参与公共图书馆服务提供，保护属于自身的各种权利，履行法定义务。公共图书馆登记管理制度包括设立登记制度、变更登记制度和终止登记制度。

一、设立登记

政府设立的公共图书馆属于事业单位，应按照《事业单位登记管理暂行条例》的有关规定进行设立登记，其登记管理机关是各级人民政府机构编制管理机关，省、市、县级公共图书馆应向同级人民政府机构编制管理机关申请登记。公民、法人和其他社会组织设立的公共图书馆属于民办非企业单位，应按照《民办非企业单位登记暂行管理条例》的有关规定进行设立登记，其登记管理机关是各级人民政府民政部门。公民、法人和其他社会组织设立的公共图书馆应经同级人民政府文化行政管理部门审查同意后，向同级人民政府民政部门申请登记。

申请登记应按照有关规定以书面的形式提出申请，并提供相应的法律文书，明确申请要求，提供证明其具备完备的设立条件的证明文件。包括登记申请书，审批机关或业务主管部门的批准文件，章程草案、场所使用权证明，资金和经费来源证明或验资报告，以及其他有关证明文件。经批准后，领取《事业单位法人证书》或《民办非企业单位（法人）登记证书》。

二、变更登记

变更登记是指已准予登记的公共图书馆由于内部或外部

的各种原因，原登记事项发生变化时应履行的法律程序。变更登记是登记管理制度的重要组成部分，也应当按照《事业单位登记管理暂行条例》《事业单位登记管理暂行条例实施细则》和《民办非企业单位登记管理条例》等规定执行。原登记事项需要发生变化的公共图书馆，必须依照法定的时限和程序到原登记管理机关申请办理有关变更登记手续。变更登记的内容包括：名称的变更，馆址的变更，宗旨和业务范围的变更，章程的修改，法定代表人或负责人的变更，开办资金的增减，业务主管单位的变更等。公共图书馆因分立、合并而改变登记事项的，也应办理变更登记。

三、终止登记

公共图书馆终止时应履行注销登记的法律程序。公共图书馆终止，即指公共图书馆不再存在。注销登记与成立登记是相对应的，公共图书馆终止时应当向原登记管理机关申请注销登记。政府设立的公共图书馆终止登记依《事业单位登记管理暂行条例》及《事业单位登记管理暂行条例实施细则》执行，办理注销登记前，应当在审批机关指导下成立清算组织，完成清算工作。自清算结束之日起15日内，向登记管理机关办理注销登记。办理注销登记，应当提交撤销或者解散该事业单位的文件和清算报告；由登记管理机关收缴《事业单位法人证书》和印章。

公民、法人和其他组织设立的公共图书馆终止登记依《民办非企业单位登记管理暂行条例》执行，在办理注销登记前，应当在业务主管单位和其他有关机关的指导下，成立清算组织，完成清算工作。清算期间，不得开展清算以外的活动。法定代表人或者负责人应当自完成清算之日起 15 日内，向登记管理机关办理注销登记。办理注销登记，须提交注销登记申请书、业务主管单位的审查文件和清算报告。登记管理机关准予注销登记的，发给注销证明文件，收缴登记证书、印章和财务凭证。

43. 为什么要由省级文化主管部门及时公布公共图书馆基本信息?

公共图书馆是公共文化服务设施，应最大限度地扩大公共图书馆的宣传，吸引更多公众走进公共图书馆享受其服务，发挥公共图书馆的服务效用。要做到这一点，最基本的要求是向公众公布必要的公共图书馆设立和服务信息。公布信息可以提高公共图书馆的公众知晓度，便利公众利用公共图书馆，也有利于公共图书馆更好地在社会上开展活动。公布信息同时还是维护公共图书馆的合法权益和正常工作秩序的一项重要措施。从加强政府对公共图书馆管理的角度上看，向社会公布公共图书馆的信息，也便于加强社会组织及公众与公共图书馆之间的联系，并对其进行监督。

按照本法规定，应由省、自治区、直辖市人民政府文化主管部门在其网站上及时公布本行政区域内公共图书馆信息，公布的主体是省、自治区、直辖市人民政府文化主管部门。

第一，省、自治区、直辖市人民政府承担着制定和实施本行政区域内公共图书馆服务网络建设总体规划、推进公共图书馆服务网络建设和服务的责任。由省、自治区、直辖市人民政府文化主管部门代表本级政府公布本行政区域内公共图书馆信息，实际上就是公布本行政区域内公共图书馆服务网络建设总体情况，是政府履行责任、接受社会监督的一种形式。省、自治区、直辖市人民政府文化主管部门是本行政区域内公共图书馆的主管部门，应当承担公布公共图书馆相关信息的责任。由省、自治区、直辖市人民政府文化主管部门统一发布本行政区域内所有公共图书馆信息，实质上是公布本行政区域内公共图书馆服务网络的信息，符合国家建设公共图书馆服务网络的要求。第二，由省、自治区、直辖市人民政府文化主管部门“网站”这个统一的信息平台公布全省公共图书馆设立和服务信息，具有以下优点：一是具有长效性，可以长期保存，公众随时可以查询；二是具有便利性，在一个平台上就可以查到全省所有公共图书馆信息，公众可以利用手机等进行查询；三是具有灵活性，可以及时修正信息，保持信息的时效性和正确性。第三，公布的范围是本省、自治区、直辖市行政区域内的所有公共图书馆信息，只能由省、自治区、直辖市一级人民政府文化主管部门作为公布主体。第四，省、自治区、直辖市人民政府文化主管部门是公共图书馆的管理部门，能够及时掌握公共图书馆信息。本法对信息公布的时间要求是“及时”，由于公共图书馆的有些信息是相对稳定的，如名称、馆址、联系方式等；

有些是经常变化的，如馆藏信息资源概况、服务内容和方式等。只有省、自治区、直辖市文化行政主管部门才能及时掌握公共图书馆信息并予以公布。省、自治区、直辖市文化行政主管部门应建立有关信息传递制度，及时把握信息变更内容，并及时修正所公布的公共图书馆有关信息。

根据公共文化服务保障法关于市、县级人民政府要颁布公共文化服务目录，以及公共文化设施要进行服务公示的要求，市、县及人民政府也应在公共文化服务目录中发布本地区公共图书馆的有关信息，公共图书馆也应公示本馆的有关信息。

44. 政府设立的公共图书馆对馆长有哪些方面要求？

馆长负责公共图书馆的运行和日常管理工作，馆长的业务素质、业务能力和组织管理能力，在很大程度上关系着公共图书馆能否良好运转，能否切实履行职能，能否很好地完成推动、引导、服务全民阅读的任务。因此，公共图书馆法第十九条特别对各级人民政府设立的公共图书馆的馆长的任职条件作出规定，这一规定仅适用于政府设立的公共图书馆。

本法关于政府设立的公共图书馆馆长任职条件的规定，主要包括业务素质、业务能力和组织管理能力等三个方面。首先，馆长必须具备相应的文化水平，这是馆长履行职责必须具备的基本文化素养和文化知识要求。其次，馆长必须具备图书情报和图书馆学的相关专业知识，这是馆长履行职责的业务素质和业务能力的基本要求。再次，馆长必须具备相应的组织管理能力，这是馆长履行职责的日常管理工作能力的基本要求。本法对由公民、法人和其他组织设立的公共图书馆的馆长及其任职条件没有明确规定，社会力量设立的公共图书馆在配备馆长时，可以参照本法规定设定任职条件。

45. 公共图书馆确定工作人员数量的依据有哪些？

公共图书馆配备“相应的”工作人员，包括两方面内容：一是工作人员的结构，二是工作人员的数量。本法规定公共图书馆配备工作人员的依据主要包括功能、馆藏规模、馆舍面积、服务范围及服务人口等因素。现行国家标准和行业标准对公共图书馆工作人员有具体要求，如《公共图书馆服务规范》(GB/T 28220—2011）规定：“公共图书馆应配备数量适宜的工作人员。具有相关学科背景的专业技术人员应占在编人员的75%以上，少数民族自治地区公共图书馆要配备熟悉少数民族语言文字的专业技术人员。”“公共图书馆工作人员数量的确定，应以所在区域服务人口数为依据。每服务人口10000人～25000人应配备1名工作人员。各级公共图书馆所需的人员数量的配备，还应兼顾服务时间、馆舍规模、馆藏资源数量、年度读者服务量等因素。”配备“相应的”工作人员，还意味着当公共图书馆的功能、馆藏规模、馆舍面积、服务范围及服务人口等因素发生变化时，工作人员的数量或结构也应随之调整。

46. 公共图书馆专业技术职称评定的范围和要求?

公共图书馆工作人员，可分为专业技术人员和非专业技术人员。其中，专业技术人员可以按照国家相关政策规定评定专业技术职称。《公共图书馆服务规范》(GB/T 28220—2011)将公共图书馆专业技术人员界定为符合下列条件之一并从事相关业务工作的人员：具有助理馆员等各类初级及以上专业技术职务任职资格；具有图书馆学专业（或图书情报专业）专科或以上学历；非图书馆学专业（或图书情报专业）专科或以上学历，须经过省级及以上学会（协会）、图书馆、大学院系举办的图书馆学专业（或图书情报专业）课程培训，培训课时不少于320学时并成绩合格。

政府设立的公共图书馆为事业单位，其专业技术人员的职称评定按照事业单位人事和岗位设置的规定执行。根据《事业单位人事管理条例》的规定，对工作人员实行分级分类管理，按照《事业单位岗位设置管理试行办法》及实施意见，设专业技术岗位并分为十三个等级。

公民、法人和其他组织设立的公共图书馆，其专业技术人员可依据党和国家关于深化职称制度改革，畅通非公有制经济组织和社会组织人才职称评审渠道的有关政策文件规定，参加职称评定。2016年，中共中央印发《关于深化人才发展体制机制改革的意见》，明确要求深化职称制度改革，主张突出用人主体在职称评审中的主导作用，畅通非公有制经济组织和社会组织人才参加职称评审渠道；2017 年，中共中央办公厅、国务院办公厅印发《关于深化职称制度改革的意见》，提出要进一步打破户籍、地域、身份、档案、人事关系等制约，创造便利条件，畅通非公有制经济组织、社会组织、自由职业专业技术人才职称申报渠道，使科技、教育、医疗、文化等领域民办机构专业技术人才与公立机构专业技术人才在职称评审等方面享有平等待遇。有关部门应当根据上述要求，尽快明确非公有制经济组织和社会组织人才参与职称评定的具体办法。

47. 公共图书馆以捐赠者姓名、名称命名应当遵循哪些法律、行政法规的规定?

公共图书馆法第二十条第一款规定，公共图书馆可以以捐赠者姓名、名称命名文献信息专藏或者专题活动。第二款规定，公民、法人和其他组织设立的公共图书馆，可以以捐赠者的姓名、名称命名公共图书馆、公共图书馆馆舍或者其他设施。

政府设立的公共图书馆，以捐赠者姓名、名称命名的方式包括两种，一种是命名文献信息专藏，即对有重要价值且数量达到一定规模的捐赠文献信息，设立以捐赠的公民、法人或其他组织的姓名或名称命名的专藏文献；另一种是命名专题活动，即以公民、法人或其他组织的姓名或名称命名公共图书馆开展的公益性讲座、培训、展览、阅读推广等专题活动。公民、法人和其他组织设立的公共图书馆，除了可以按照第一款规定的以捐赠者姓名、名称命名文献信息专藏或者专题活动外，还可以以捐赠者的姓名、名称命名公共图书馆、公共图书馆馆舍或者其他设施。公益事业捐赠法第十四条规定，捐赠人对于捐赠的公益事业工程项目可以留名纪念；捐赠人单独捐赠的工程项目或者主要由捐赠人出资兴建的工程项目，可以由捐赠人提出工程项目的名称，报县级以上人民政府批准。

以捐赠者姓名、名称命名，应当遵守有关法律、行政法规的规定，符合国家利益和社会公共利益遵循公序良俗。公共图书馆以捐赠者命名，是法律给予公共图书馆及其捐赠者的一项重要权利。我国宪法和其他相关法律对公民、法人和其他组织行使权利时所应承担的相应义务提出了明确要求。例如，宪法第五十一条规定，我国公民在行使权利时，不得损害国家的、社会的、集体的利益和其他公民的合法权利。又如，民法总则规定，民事主体从事民事活动，不得违反法律和违背公序良俗。

公民、法人和其他组织设立的公共图书馆根据本法规定以捐赠者的姓名、名称命名公共图书馆、公共图书馆馆舍或者其他设施时，还应当遵守《民办非企业单位名称管理暂行规定》的相关规定，特别是其中的禁止性规定，当捐赠者姓名、名称中包含有损于国家、社会公共利益，或违背社会道德风尚，带有封建迷信色彩，或可能对公众造成欺骗或误解的含义时，不得以其姓名、名称对公共图书馆及其馆舍、设施进行命名。

48. 公共图书馆终止的，应当依照哪些法律、行政法规规定处理其剩余财产?

公共图书馆法第二十一条规定公共图书馆终止的，应当依照有关法律、行政法规的规定处理其剩余财产。公共图书馆终止后的剩余财产是指公共图书馆因解散、宣告破产或其他原因丧失民事主体资格，并依法清偿债务后的剩余财产，包括馆舍、馆藏文献信息、设施设备等。民法总则第七十二条第二款规定，法人清算后的剩余财产，根据法人章程的规定或者法人权力机构的决议处理。法律另有规定的，依照其规定。公共图书馆终止后的剩余财产，应当遵循公共图书馆章程中的剩余财产处理方案进行处理。由于所有制性质的不同，政府设立的公共图书馆和社会力量设立的公共图书馆终止后剩余财产的处理也不尽相同。

一、政府设立的公共图书馆剩余财产的处理

政府设立的公共图书馆属于公益性事业单位，其各项资产的属性主要是国有资产，这一类公共图书馆的终止程序及终止后的剩余财产应当按照《事业单位登记管理暂行条例》和《事业单位国有资产管理暂行办法》的相关规定处理。

根据《事业单位登记管理暂行条例》的规定，事业单位被撤销、解散的，应当向登记管理机关办理注销登记或者注销备案。事业单位办理注销登记前，应当在审批机关指导下成立清算组织，完成清算工作。根据《事业单位国有资产管理暂行办法》的规定，事业单位处置国有资产，应当严格履行审批手续，未经批准不得自行处置。因依法撤销或者整体改制等原因被清算、注销的事业单位，应办理注销产权登记。

政府设立的公共图书馆因分立、合并而终止的，其剩余资产由本级财政部门、公共图书馆的主管部门安排处置，并办理产权变更登记。政府设立的公共图书馆因撤销和解散而终止的，应当在审批机关指导下成立清算组织，完成清算工作，其剩余资产由本级财政部门、公共图书馆的主管部门安排处置，并办理事业单位法人注销登记和产权注销登记。

二、社会力量设立的公共图书馆剩余财产的处理

社会力量设立的公共图书馆属于民办非企业单位，其各项资产的性质属于非国有资产，因而其终止程序及终止后剩余财产的处理应当依照民法总则及相关法律法规的规定处理。

社会力量设立的公共图书馆因章程规定的存续期间届满或者法人章程规定的其他解散事由而终止的，须进行财产清算并妥善处理其剩余财产。社会力量设立的公共图书馆的性质属于民办非企业单位，应根据《民办非企业单位登记管理暂行条例》的相关规定，在业务主管单位和其他有关机关的指导下，成立清算组织，完成清算工作，并办理注销登记。

对社会力量设立的公共图书馆终止剩余财产的处理，还应遵守民法总则的相关规定，民法总则第九十五条指出，为公益目的成立的非营利法人终止时，不得向出资人、设立人或者会员分配剩余财产。剩余财产应当按照法人章程的规定或者权力机构的决议用于公益目的；无法按照法人章程的规定或者权力机构的决议处理的，由主管机关主持转给宗旨相同或者相近的法人，并向社会公告。

三、属于文物、档案和国家秘密的剩余财产的处理

在公共图书馆财产中，可能存在属于文物、档案和国家秘密的馆藏文献信息。本法第十条第二款特别指出，馆藏文献信息属于文物、档案或者国家秘密的，公共图书馆应当遵守有关文物保护、档案管理或者保守国家秘密的法律、行政法规规定。公共图书馆终止时，对这一类剩余财产的处理，也应遵守上述相关法律、行政法规的规定。

需要指出的是，由于社会力量设立的公共图书馆终止的原因较为复杂，可能出现由于资不抵债等原因无法正常运行下去而终止的情形，在这种情况下，应特别注意，不得以违反法律的方式将属于文物、档案和国家秘密的财产用于清偿债务。

49. 为什么在公共图书馆法中规定国家图书馆的职能和任务?

公共图书馆是现代国家必备的基础文化设施之一，世界各国基本都有自己的公共图书馆体系。各国的公共图书馆体系各异，但一般包括一个国家图书馆和分布全国各地不同类型的公共图书馆。与不同的公共图书馆体系相适应，各国关于国家图书馆和公共图书馆的法律规定也存在不同形式的立法实践。总的来说，包括美、英、德、法、俄、日、韩、澳等在内的世界各国的立法实践中，对国家图书馆的规定分为两个层次，即制定专门的国家图书馆法和在其他相关法律中规定国家图书馆的相关内容。这两个层次又具体表现为以下四种形式：

一、制定专门的国家图书馆法，对国家图书馆的职能、设立、馆藏建设、出版物呈缴、服务、经费保障、馆员聘用、法律责任等方面进行了详细规定。

二、在一般性图书馆法中规定国家图书馆的相关内容，如韩国《图书馆法》将国立中央图书馆列为专门一章，规定了其建立、职责、文献呈缴、网络文献征集等内容；《俄罗斯图书馆事业联邦法》对俄罗斯联邦国家图书馆的职能、设立等进行了专条规定，并明确允许国家图书馆可以对具有科学和教育意义的文献制作数字化复本。

三、在呈缴法中规定国家图书馆的相关内容。如德国《法定呈缴本法》中规定德国国家图书馆为接受呈缴的机构，并明确了实体出版物和网络出版物的呈缴范围、程序以及限制。南非《法定呈缴法》中规定了南非国家图书馆和国会图书馆为接受法定呈缴的机构，且详细规定了呈缴机构和接受呈缴机构的权利义务、法律责任等。

四、在版权法中规定国家图书馆的相关内容。日本《版权法》规定了日本国立国会图书馆复制或数字化馆藏的合理使用情况，并允许其进行网络资源采集。澳大利亚《版权法》规定，澳大利亚国会图书馆为国会成员履行职责进行的复制属于合理使用。加拿大《版权法》也规定加拿大国家图书档案馆具有为保存目的复制和广播播放馆藏等特许权利。

总体而言，虽然因历史传统、国家结构形式、经济文化发展程度不同而内容繁简有别、条款多寡不一，但是关于国家图书馆的法律条款存在很多共性内容，可以概括为下列几个方面。

一是强调国家图书馆作为国家总书库保存国家文化遗产；

二是明确规定国家图书馆为接受本国法定呈缴出版物的保存机构；

三是将利用馆藏文献为国家立法和政府决策提供服务作为国家图书馆的首要职能；

四是确定国家图书馆是全国图书馆事业发展中心。

我国目前尚未制定专门的国家图书馆法，已制定的著作权法等知识产权的相关法律中也没有具体规定国家图书馆的相关内容。在制定公共图书馆法时，考虑到国家图书馆在一国图书馆与信息行业中的核心和领导地位，以及我国国家图书馆全年面向公众开放，不断扩大公益范围，实际承担的公共图书馆功能，在公共图书馆法中规定国家图书馆的法律地位，以及职能和任务是适当的和必要的。因此，公共图书馆法在立法时就将国家图书馆的相关内容规定在了第二十二条中。该条文首先明确了国家图书馆作为国家的图书馆，承担的专门职能，包括国家文献信息战略保存、国家书目和联合目录编制、为国家立法和决策服务、组织全国古籍保护、开展图书馆发展研究和国际交流、为其他图书馆提供业务指导和技术支持等几项基本职能。这些职能是国家图书馆特有的，而其他公共图书馆不具备的。同时，公共图书馆法又明确规定了我国的国家图书馆还承担与其他公共图书馆同样的公共图书馆的功能。

将国家图书馆的相关内容规定在公共图书馆法中立法方式既符合国际立法惯例，又符合我国图书馆事业的实践。通过法律明确了国家图书馆作为国家的图书馆的特殊职能和作为公共图书馆服务公众的一般职能，并理顺国家图书馆和其他公共图书馆之间的法律关系和业务联系。我国公共图书馆法的立法实践填补了国家图书馆在法律规定方面的立法空白，能够最大程度地促进我国公共图书馆体系的良性运行和公共图书馆事业的发展。

50. 国家图书馆的核心职能包括哪些方面?

国家图书馆的设立主体为国家，中央人民政府代表国家设立国家图书馆。国家图书馆在整个国家的公共图书馆体系中通常处于独特的中心地位，区别于其他公共图书馆，承担着特殊的国家职能。本法规定了国家图书馆承担的七个方面主要职能。

第一，国家文献信息战略保存。国家图书馆是国家文献信息资源总库（国家总书库），为实现国家文化遗产的全面保存，一方面要秉承“中文求全”的原则，全面收集国内出版的各文种、各类型、各载体文献，尽可能保证入藏品种和版本的齐全，同时加强中文资料及我国港澳台地区、海外中文出版物的采选。另一方面要永久保存和保护收集的文献信息，建设国家级文献资源保障中心和保存基地，开展国家文献战略储备，对国家重要文献实现异地备份保存。本法第二十六条规定，国家图书馆应当根据国家有关规定接受出版单位交存的文献信息，并对其进行妥善保存，这也是国家图书馆履行国家文献信息战略保存职能的重要法律保障。

第二，国家书目和联合目录编制。国家图书馆是国家书目中心，应当编制国家书目，揭示和报道一个国家在一定时期内出版的各类文献的目录。同时，国家图书馆应当建设全国联合编目中心，联合其他图书馆揭示和报道馆藏目录，加强各类型文献信息的整合揭示与统一检索，推进全国公共图书馆馆藏文献的开放共享。

第三，为国家立法和决策服务。国家图书馆应当为国家立法和政府决策提供文献信息服务。服务对象包括立法机构和决策机构，立法机构包括全国人民代表大会、全国人民代表大会常务委员会和各专门委员会，以及国务院各部委的法规制定部门；决策机构主要包括党和国家领导人、中共中央及其所属机关、国务院及其所属部委。

第四，组织全国古籍保护。2007 年 5 月，经中央机构编制委员会办公室批准，国家图书馆加挂“国家古籍保护中心”牌子。作为国家古籍保护中心，国家图书馆应当在文化行政主管部门领导下，联合全国文献存藏机构，建立健全全国古籍保护工作机制，加强古籍保护人才培养，深入开展古籍普查登记、保护修复、整理出版、研究利用等工作，全面提升全国古籍保护工作水平。

第五，开展图书馆发展研究。国家图书馆是全国图书馆发展研究中心，应当通过开展事业发展研究和业务研究，制定标准规范，进行关键技术应用的攻关研发，出版学术著作，组织交流研讨等方式，联合业界共同开展图书馆事业发展研究与业务研究，推动事业发展关键领域的研究和创新。国家图书馆还应当围绕图书馆事业发展关键领域重点问题，组织开展调查研究，为国家制定实施图书馆领域相关法律、规划、政策、标准等提供理论支撑和决策参考。

第六，国际交流。国家图书馆作为一国图书馆事业的中心，应当代表并组织中国图书馆界参与国际图书馆事务，通过项目合作、业务研讨、交流互访等方式，加强与各国图书馆间的交流与合作，共同促进全球图书馆事业的发展进步。国家图书馆同时还是国家文化遗产的重要传承机构，是国家和民族文化的象征，应当代表国家执行有关对外文化协定，促进中外文化的交流与传播，为推进世界多元文化的发展作出积极贡献。此外，国家图书馆还应按照与相关国际组织的约定，承担国际标准连续出版物编码（ISSN）中国国家中心、国际图书馆协会联合会（IFLA）保存保护中心中国中心、国际图书馆协会联合会（IFLA）中文语言中心、联合国资料托存馆等职责。

第七，为其他图书馆提供业务指导和技术支持。国家图书馆由国家设立，受国家政策支持，在文献信息、设施设备、软硬件系统及专业技术人才等方面都拥有得天独厚的优势，应当充分发挥其自身优势，通过搭建行业合作平台、实施重点文化工程、开展业务培训和技术指导、研制工作标准和业务规范等多种方式，帮助各级各类图书馆提升业务水平和服务能力。

51. 国家图书馆是否具有公共图书馆的功能？

本法规定，国家图书馆同时具有本法规定的公共图书馆的功能。本法多个条款对公共图书馆的功能作出了规定，例如，第二十四条规定，公共图书馆应当根据办馆宗旨和服务对象的需求，广泛收集文献信息；政府设立的公共图书馆还应当系统收集地方文献信息，保存和传承地方文化。第二十八条规定，公共图书馆应当妥善保存馆藏文献信息。第三十三条规定，公共图书馆应当按照平等、开放、共享的要求向社会公众提供服务。公共图书馆应当免费向社会公众提供下列服务：（一）文献信息查询、借阅；（二）阅览室、自习室等公共空间设施场地开放；（三）公益性讲座、阅读推广、培训、展览；（四）国家规定的其他免费服务项目。第三十四条第一款规定，政府设立的公共图书馆应当设置少年儿童阅览区域，根据少年儿童的特点配备相应的专业人员，开展面向少年儿童的阅读指导和社会教育活动，并为学校开展有关课外活动提供支持。第三十四条第二款规定，政府设立的公共图书馆应当考虑老年人、残疾人等群体的特点，积极创造条件，提供适合其需要的文献信息、无障碍设施设备和服务等。第三十五条规定，政府设立的公共图书馆应当根据自身条件，为国家机关制定法律、法规、政策和开展有关问题研究，提供文献信息和相关咨询服务。第三十六条规定，公共图书馆应当通过开展阅读指导、读书交流、演讲诵读、图书交换共享等活动，推广全民阅读。第四十条第二款规定，政府设立的公共图书馆应当加强数字资源建设、配备相应的设施设备，建立线上线下相结合的文献信息共享平台，为社会公众提供优质服务。第四十一条规定，政府设立的公共图书馆应当加强馆内古籍的保护，根据自身条件采用数字化、影印或者缩微技术等推进古籍的整理、出版和研究利用，并通过巡回展览、公益性讲座、善本再造、创意产品开发等方式，加强古籍宣传，传承发展中华优秀传统文化。

国家图书馆在履行本法规定的七个方面主要职能的同时，还应当根据上述条款的要求，发挥公共图书馆功能。

第三章　运　行

52. 为什么要推动公共图书馆建立健全法人治理结构?

2011 年，国务院办公厅发布《关于印发分类推进事业单位改革配套文件的通知》，其中包括《关于建立和完善事业单位法人治理结构的意见》。2013 年，党的十八届三中全会通过《中共中央关于全面深化改革若干重大问题的决定》，提出要“明确不同文化事业单位功能定位，建立法人治理结构，完善绩效考核机制。推动公共图书馆、博物馆、文化馆、科技馆等组建理事会，吸纳有关方面代表、专业人士、各界群众参与管理”。2016 年出台的公共文化服务保障法第二十四条规定：“国家推动公共图书馆、博物馆、文化馆等公共文化设施管理单位根据其功能定位建立健全法人治理结构，吸收有关方面代表、专业人士和公众参与管理。”2017 年，经党中央、国务院同意，中共中央宣传部、原文化部等七部委联合发布《关于深入推进公共文化机构法人治理结构改革的实施方案》，提出到 2020 年底，全国市（地）级以上规模较大、面向社会提供公益服务的公共图书馆、博物馆、文化馆、科技馆、美术馆等公共文化机构，基本建立以理事会为主要形式的法人治理结构，决策、执行和监督机制进一步健全，相关方权责更加明晰，运转更加顺畅，活力不断增强，人民群众对公共文化的获得感明显提升。本法第二十三条进一步明确了党和国家关于推动公共图书馆建立健全法人治理结构的要求。

国家推动公共图书馆建立健全法人治理结构，其目的在于厘清政府和公共图书馆的责任，推动公共图书馆领域实现政事分开、管办分离，落实公共图书馆法人自主权，吸收有关方面代表、专业人士和社会公众参与公共图书馆管理，进一步提升公共图书馆管理水平和服务效能，增强活力，为人民群众提供更加优质高效的公共文化服务，促进公共文化事业发展。

53. 公共图书馆建立法人治理结构的主要任务是什么？

公共图书馆应按照公共图书馆法和《关于深入推进公共文化机构法人治理结构改革的实施方案》的要求，从以下几个主要方面建立健全法人治理结构。

一是建立以理事会为主要形式的法人治理结构。公共图书馆法人治理结构主要由理事会和管理层构成，理事会是公共图书馆的决策机构，成员由政府有关部门、公共图书馆、服务对象和其他有关方面的代表构成，本馆以外人员担任的理事要占多数，要确保理事会成员的社会代表性。管理层负责执行理事会作出的决策，管理层由公共图书馆的行政负责人及其他主要管理人员组成。

二是明确相关方职责。相关行政主管部门作为举办单位，负责对公共图书馆和理事会建设进行监督指导、绩效考核。理事会负责本馆的发展规划、财务预决算、重大业务、章程拟订和修订等决策事项，按照有关规定履行人事管理和监督职责。管理层按照理事会决议自主履行日常业务管理、财务资产管理和一般工作人员管理等职责。

三是制定机构章程。依照本法第十五条规定，设立公共图书馆应当具备的条件之一就是要有章程。公共图书馆章程应当包括理事会的职责、构成、会议制度，理事的产生方式和任期、权利和义务，管理层的职责和产生方式等。应当强化章程在公共图书馆依法实施管理和履行职能方面的基础作用。

四是规范管理运行。公共图书馆的举办单位应注重加强宏观管理，指导组建理事会和管理层，按章程规定对理事会的重大决策进行审查，对理事会以及理事进行监督和评价，并建立理事责任追究机制。理事会严格实行集体审议、独立表决、个人负责的决策制度，依法依章程行使决策权和监督权，对举办单位负责，接受政府监管和社会监督。管理层对理事会负责，定期向理事会报告工作，接受理事会监督。公共图书馆应根据国家有关政策法规，配套建立年度报告、信息公开、绩效评估和责任追究等相关制度。

五是加强党的建设。公共图书馆的举办单位要加强对公共图书馆党建工作的领导，将党建工作要求纳入公共图书馆章程，明确党组织在决策、执行、监督各环节的权责和工作方式，切实加强基层党组织建设和党员队伍建设。落实意识形态工作责任制。完善“双向进入、交叉任职”的配备方式，党组织领导班子成员按照章程进入理事会和管理层。理事会和管理层中的党员领导人员按照党内有关规定进入党组织领导班子。积极探索党管干部原则与理事会行使人事管理自主权有机结合的途径和方式。凡涉及公共图书馆改革发展稳定和事关职工群众切身利益的重大决策、重要人事任免、重大项目安排、大额度资金使用事项，党组织必须参与讨论研究，理事会作出决定前，应征得党组织同意。

为保障公共图书馆法人治理结构改革的有效落实，还应当采取相关的配套措施，包括落实公共图书馆人事管理自主权、扩大公共图书馆收入分配自主权、加强民主管理和社会参与、创新服务内容和方式等。

54. 公共图书馆收集文献信息的依据是什么?

公共图书馆法第二十四条规定，公共图书馆应当根据办馆宗旨和服务对象的需求，广泛收集各类文献信息。

公共图书馆广泛收集各类文献信息的依据有两个，一是办馆宗旨。本法第十六条规定，公共图书馆章程应当包括办馆宗旨。办馆宗旨是指公共图书馆设立的目的和为之而完成的事业，是公共图书馆存在和发展的动力，也是确定公共图书馆业务范围的主要依据。公共图书馆应收集与其办馆宗旨相吻合的文献信息。

二是服务对象的需求。不同层级、区域、类型、兴办主体等的公共图书馆的服务对象有所区别，其服务对象的需求也不尽相同。公共图书馆应当根据不同服务群体的需求收集各类文献信息，满足服务对象的需求；注重对特殊群体的服务，践行普遍均等服务理念，保障特殊群体的基本文化权益。例如，本法第三十四条规定政府设立的公共图书馆应当考虑老年人、残疾人等群体的特点，积极创造条件，提供适合其需要的文献信息。

55. 政府设立的公共图书馆为什么应当系统收集地方文献信息?

本法规定政府设立的公共图书馆应当系统收集地方文献信息，保存和传承地方文化。地方文献信息是指有关某一特定地区及其居民的各类型文献信息。地方文献信息具有一定的史料价值，是地方文化的重要载体，在传承独具特色的地方文化、发掘本地优秀人文资源、服务地方经济文化建设，以及提高公众对文化遗产的认识等方面发挥着重要的作用。地方文献信息是公共图书馆馆藏特色的重要体现，有利于促进图书馆藏书的特色化和体系化建设，也是衡量馆藏质量的重要指标。通过系统收集地方文献信息，有利于保障区域文献的完整性和系统性，满足不同层次的用户需求，推进图书馆馆藏文献信息的开发与利用。保存和传承地方文化是政府设立的公共图书馆系统收集地方文献信息的主要目的之一。《公共图书馆服务发展指南》指出，公共图书馆应当是地方社区中收集、保护和推广各种地方文化的非常重要的机构。

本法强调系统收集地方文献信息属于政府设立的公共图书馆的职责范畴，也是政府设立的公共图书馆的法定义务。不同于公民、法人和其他组织自筹资金设立的公共图书馆，政府设立的公共图书馆被纳入本级国民经济和社会发展规划，所需经费列入本级政府预算，应当承担收集地方文献信息、保护和传承地方文化的职能，并满足本区域用户的地方性文献信息需求和服务地方社会经济文化的发展。

56. 公共图书馆收集文献信息应当遵循哪些法律法规的规定?

根据本法第二十五条的规定，文献信息收集有采购、接受交存和捐赠等合法方式。在收集文献信息时，应遵守相关法律、行政法规的规定。如通过采购的方式收集文献信息，应当遵守《中华人民共和国政府采购法》《中华人民共和国招标投标法》《中华人民共和国合同法》等相关法律法规的规定；通过接受交存的方式收集文献信息，应当遵守《出版管理条例》和《音像制品管理条例》等相关法规的规定；通过捐赠的方式收集文献信息，应当遵守《中华人民共和国公益事业捐赠法》等法律法规的相关规定；此外，公共图书馆应遵守《中华人民共和国著作权法》中关于著作权的保护以及限制的相关规定；遵守《电子出版物出版管理规定》中的相关规定；等等。

57. 公共图书馆收集文献信息的主要方式有哪些？怎样理解公共图书馆收集文献信息方式的“合法”？

公共图书馆法第二十五条规定，公共图书馆收集文献信息的主要方式包括采购、接受交存或者捐赠等合法方式。

一、采购

采购是公共图书馆重要的文献信息收集方式之一，公共图书馆应当在预算中安排必要的专门经费用以采购文献信息。采购包括订购和现购两种主要方式。公共图书馆可根据文献出版信息，从出版机构或书商等提供的文献征订目录中选择所需文献下订，由其按照订单预定的品种、数量供应文献；也可通过图书馆采访人员直接到出版、发行部门或在书展、书店等地直接现场挑选文献。公共图书馆还可通过其他补充形式，提高采购质量，或加强采购的针对性，如就采购计划向图书馆用户或专家学者征求意见，开展读者决策采购活动，等等。公共图书馆在采购文献信息时应当遵守著作权法等法律、行政法规；此外，政府设立的公共图书馆采购文献信息的经费主要来源于各级财政拨付的文献信息采购专项资金，还应当遵守政府采购法、招标投标法和合同法等法律、行政法规的规定。如政府采购法规定，政府采购应当严格按照批准的预算执行；政府采购实行集中采购和分散采购相结合；公开招标应作为政府采购的主要采购方式。招标投标法规定，招标项目按照国家有关规定需要履行项目审批手续的，应当先履行审批手续，取得批准。合同法规定，依法成立的合同，对当事人具有法律约束力；当事人应当按照约定履行自己的义务，不得擅自变更或者解除合同；依法成立的合同，受法律保护；等等。

二、接受交存

本法第二十六条规定，出版单位应当按照国家有关规定向国家图书馆和所在地省级图书馆交存正式出版物。接受交存是省级以上公共图书馆收集文献信息的重要方式之一，接受交存保证了省级以上公共图书馆收集文献信息的系统性。此外，部分地方性公共图书馆法规或政府规章也规定了交存制度，要求本行政区域内的出版单位在规定时间内向指定公共图书馆交存出版物。出版单位应当依法及时交存正式出版物。省级以上公共图书馆应遵守本法第二十七条和第二十八条的规定，妥善保存、及时整理、充分利用好此类文献信息，更好地为社会公众提供服务。

三、接受捐赠

接受捐赠也是公共图书馆收集文献信息的重要途径和方式，本法第六条规定，国家鼓励公民、法人和其他组织依法向公共图书馆捐赠。接受捐赠可使公共图书馆获得许多有收藏价值或是无法通过一般渠道购买的重要文献。公益事业捐赠法规定，捐赠应当是自愿和无偿的；捐赠财产的使用应当尊重捐赠人的意愿；捐赠应当遵守法律、法规，不得违背社会公德，不得损害公共利益和其他公民的合法权益；捐赠人可以与受赠人就捐赠财产的种类、质量、数量和用途等内容订立捐赠协议；受赠人接受捐赠后，应当向捐赠人出具合法、有效的收据，将受赠财产登记造册，妥善保管。公共图书馆应当按照捐赠法的要求接受文献信息的捐赠，接受捐赠时办理捐赠手续，规范对捐赠文献信息的管理，保障捐赠程序和捐赠内容的合法性。本法第二十条还对公共图书馆以捐赠者姓名、名称命名作出了规定。

公共图书馆收集文献信息方式的“合法”是指：不论公共图书馆的文献信息是以何种方式进行收集，都应遵守《中华人民共和国著作权法》等相关法律、行政法规，合法收集，合理使用。需要注意的是，公共图书馆的文献收集除了采购、接受交存或者捐赠外，还有交换、征集、调拨、自建等合法方式。交换和调拨属于档案、文物的馆藏文献信息，应注意遵守《中华人民共和国文物保护法》和《中华人民共和国档案法》相关规定。在对文献信息进行数字化或者自建数据库或数字文献时，应遵守《信息网络传播权保护条例》相关规定。

58. 国家为什么规定出版单位向国家图书馆和所在地省级公共图书馆交存正式出版物?

出版单位向指定图书馆交存正式出版物，是世界各国通行的一种出版物管理制度。为了完整收集和保存一个国家或地区全部正式出版物，目前世界上已有 100 多个国家和地区通过立法或其他强制性规定，要求所有出版单位必须向指定图书馆交存一定份数的最新出版物。在我国，这一制度曾经又被称为出版物样本缴送制度或呈缴制度。有了法律保障的出版物交存制度，图书馆就能够稳定、完整地收集本国或本地区全部正式出版物，提升国家图书馆或地区中心图书馆对于本国、本地区正式出版物的文献保障能力和文献服务能力。

出版物交存制度对于出版单位、图书馆和社会公众都有明显价值，但如果缺乏相应法律法规，就可能出现出版单位或收藏单位因管理不善而导致的交存中断、交存本丢失等问题，导致交存本收藏不完整，交存收藏的价值也将大打折扣。因此通过立法确立出版物交存制度，对出版物的送交与收存双方责任作出强制性规定，以确保图书馆对于交存本的完整收藏，成为现代出版物管理制度的重要组成部分。

我国出版物交存制度始于 1955 年原文化部制定的《关于征集图书、杂志样本办法》，该办法规定凡公开发行的书籍、图书、杂志等，从第一版起，每出一版均应缴送国立北京图书馆（今国家图书馆）一份。1979 年，国家出版局修订了《关于征集图书、杂志、报纸样本办法》，规定凡出版社、杂志社和报社编辑、出版的各种图书、杂志、报纸，均应在出版物出版后即向国家出版事业管理局、版本图书馆及北京图书馆（今国家图书馆）缴送出版物样本。1997 年，国务院颁布了《出版管理条例》，规定出版单位发行其出版物前，应当按照国家有关规定向北京图书馆（今国家图书馆）、中国版本图书馆和国务院出版行政部门免费送交样本。现行的《出版管理条例》于2001年发布，后经历了四次修订，但出版物交存的规定一直延续了下来。上述行政法规都是国家出版物交存制度的体现。公共图书馆法第二十六条规定：“出版单位应当按照国家有关规定向国家图书馆和所在地省级公共图书馆交存正式出版物。”这一规定进一步完善了我国的出版物交存制度，对国家图书馆系统收集和保管我国正式出版物，促进文化传承和传播，具有重要意义。

59. 我国出版单位向国家图书馆和所在地省级公共图书馆送交出版物的现行规定是什么？

公共图书馆法第二十六条规定，出版单位应当按照国家有关规定向国家图书馆和所在地省级公共图书馆交存正式出版物。现行的国家有关规定包括《出版管理条例》《音像制品管理条例》等相关行政法规和部门规章。

《出版管理条例》于2001年12月25日正式发布（中华人民共和国国务院令第343号），2002年2月1日起施行，并于2011年、2013年、2014年、2016年经历了四次修订。现行《出版管理条例》第二十二条规定，出版单位应当按照国家有关规定向国家图书馆、中国版本图书馆和国务院出版行政主管部门免费送交样本。《音像制品管理条例》于2001年12月25日正式发布（中华人民共和国国务院令第341

号)，2002年2月1日起施行，并于2011年、2013年、2016年经历了三次修订。现行《音像制品管理条例》第十二条规定，音像出版单位应当按照国家有关规定向国家图书馆、中国版本图书馆和国务院出版行政主管部门免费送交样本。这些行政法规规定了我国境内出版单位向国家图书馆免费送交出版物的法定义务，出版单位正式出版的报纸、期刊、图书、音像制品、电子出版物等出版物，都应当按照法律及相关法规的要求交存。对于与公共图书馆法要求不一致的规定，国务院有关部门应当尽快启动相关修改工作，完成与本法的衔接。例如，除了国家图书馆，公共图书馆法还增加了出版单位所在地的省级公共图书馆作为接受出版物交存的单位。此外，地方立法机关和有关政府部门也应当对地方性法规、规章和其他规范性文件中与本法不一致的内容进行及时修改和调整。

60. 公共图书馆整理馆藏文献信息的国家标准、规范主要有哪些?

文献信息整理的标准化和规范化是充分利用公共图书馆馆藏文献信息、实现文献信息共建共享的重要前提。公共图书馆应当在文献信息到馆后按照国家公布的标准、规范及时开展整理工作，目前，公共图书馆整理馆藏文献信息的标准和规范主要包括国家标准、行业标准、地方标准等，集中在文献信息的分类与编目领域，如分类及主题词表、编目规则、机读目录格式及元数据规范等。例如，我国现行主要的综合性图书分类法为《中国图书馆分类法》（第五版）；现行的主题标引词表为《中国分类主题词表》；现行文献编目规则主要有《普通图书著录规则》（GB/T 3792.2—2006）、《古籍著录规则》（GB/T 3792.7—2008）、《文献著录 第4部分：非书资料》（GB/T 3792.4—2009）、《文献著录 第9部分：电子资源》（GB/T 3792.9—2009）等；现行的机读目录格式标准主要为《中国机读书目格式》（GB/T 33286—2016）；现行元数据著录规范国家标准主要有《信息与文献书目数据元目录 第5部分：编目和元数据交换用数据元》（GB/T 19688.5—2009）、《信息与文献 都柏林核心元数据元素集》（GB/T 25100—2010）等；与公共图书馆进行文献信息整理相关的国家标准还包括《信息与文献 图书馆和档案馆的图书、期刊、连续出版物及其他纸质文献的装订要求 方法与材料》（GB/T 30108—2013）、《信息资源的内容形式和媒体类型标识》（GB/T 3469—2013）、《馆藏金属文物保护修复记录规范》（GB/T 30687—2014）、《汉文古籍特藏藏品定级 第1部分：古籍》（GB/T 31076.1—2014），等等。

开展馆藏文献信息整理工作时，有国家标准的，应优先采用国家标准。

61. 公共图书馆为什么必须建立馆藏文献信息目录并向社会公开？

目录，是按照一定的次序编排组织而成的一种揭示和报导文献信息的工具。馆藏文献信息目录是公共图书馆各种书目数据的总称，是揭示图书馆文献信息情况、宣传文献信息内容、指导用户阅读的检索工具，是馆藏文献信息与用户之间的“桥梁”和“中介”。

公共图书馆建立馆藏文献信息目录应当遵守馆藏文献信息整理的有关标准和规范，如《中国图书馆分类法》《中国分类主题词表》《西文文献著录条例（修订扩大版）》《中国文献编目规则》（第二版）、《文献著录　第1部分：总则》（GB/T 3792.1—2009）、《中国机读书目格式》（GB/T 33286—2016）等。公共图书馆建立馆藏文献信息目录应当优先选取文献本身信息作为信息源进行客观著录，并揭示文献信息的题名、责任者、主题、学科分类等信息，促进文献信息的有效利用。

62. 公共图书馆处置馆藏文献信息应当遵循什么原则和规定？

公共图书馆法第二十八条第一款规定：“公共图书馆应当妥善保存馆藏文献信息，不得随意处置；确需处置的，应当遵守国务院文化主管部门有关处置文献信息的规定。”这一规定强调了公共图书馆妥善保存馆藏文献信息且不得随意处置馆藏文献信息的法定义务，同时也为公共图书馆在确有必要时处置馆藏文献信息提供了法律遵循。

根据本法第十五条规定，一定规模的馆藏文献信息是公共图书馆设立的基本条件之一，对于政府设立的公共图书馆而言，馆藏文献信息一般还属于国有资产，按照《事业单位国有资产管理暂行办法》的规定，事业单位处置国有资产，应当严格履行审批手续，未经批准不得自行处置。与此同时，公共图书馆馆藏空间有限，馆藏文献信息数量逐年增加，同时一些文献信息不可避免会出现折旧、破损以及内容过时等情况，需要进行必要的处置，否则不仅会浪费馆舍空间，还将降低馆藏质量，影响读者对馆藏文献信息的有效利用。

但是，文献信息处置也是一件科学性、政策性很强的工作，如果没有科学的规划、合理的政策指导，随意处置馆藏文献信息，很可能给公共图书馆的管理和服务带来不必要的损失，同时也可能因为处置不当对公共图书馆造成不良的社会影响。本法规定公共图书馆开展文献处置工作的依据是国务院文化主管部门有关处置文献信息的规定，这是公共图书馆法的重要配套制度，按照立法法的要求，法律规定明确要求有关国家机关对专门事项作出配套的具体规定的，有关国家机关应当自法律施行之日起一年内作出规定，国务院文化主管部门应按要求出台文献信息处置的有关规定，明确公共图书馆文献信息处置工作的实施要求。

63. 公共图书馆应当采取哪些措施保障馆藏文献信息安全？

公共图书馆法第二十八第二款规定：“公共图书馆应当配备防火、防盗等设施，并按照国家有关规定和标准对古籍和其他珍贵、易损文献信息采取专门的保护措施，确保安全。”

公共图书馆馆藏文献信息大多属于易燃物品，而且公共图书馆同时又是人群密集的公共场合，一旦遭遇火警，可能造成严重的人员伤害。因此，防范火灾对于公共图书馆至关重要。消防法第十六条规定，机关、团体、企业、事业等单位应当按照国家标准、行业标准配置消防设施、器材，设置消防安全标志，并定期组织检验、维修，确保完好有效；对建筑消防设施每年至少进行一次全面检测，确保完好有效，检测记录应当完整准确，存档备查。公共图书馆的建筑防火应遵守国家现行新型设计防火规范和有关技术标准，针对图书馆的特点设计建筑构造、配置火灾自动报警装置、安全疏散出口、火灾应急照明和疏散指示标志灯、消防给水和固定灭火装置，消防电源及其配电等消防设施设备。例如，《公共图书馆建筑防火安全技术标准》（WH 0502—96）对各类综合性公共图书馆的新建、改建和扩建工程及其附属设备和专用设备的防火安全技术作出了详细规定；《图书馆建筑设计规范》对图书馆作为公共场所的防火设计提出了强制要求。另外，公共图书馆防火设施配置还应符合《建筑设计防火规范》(GBJ 16—87)、《高层民用建筑设计防火规范》(GB 50045—95)、《建筑内部装修设计防火规范》(GB 500222—95）等的要求。

公共图书馆为满足读者舒适、便利的借阅需求，往往采用开架方式提供借阅服务，允许读者自由携带自己的书、包等个人物品进出阅览室或书库。这种服务方式在一定程度上增加了公共图书馆文献信息管理的难度。为了在保证服务质量的前提下做好文献信息防盗工作，图书馆应当配备门禁、监控等防盗设施。根据《公共图书馆建设标准》(建标 108—2008）第四十三条的要求，公共图书馆应设置安全防盗装置。大、中型公共图书馆的主要入口处、储藏珍贵文献资料的书库和阅览室、重要设备室、网络管理中心等均应设置门禁及电视监控系统。公共图书馆的自助借阅空间或无人值守借阅空间也应当设置门禁及电视监控系统。

64. 国家关于古籍和其他珍贵、易损文献信息的保护有哪些规定和标准?

公共图书馆法第二十八条特别强调要对古籍和其他珍贵、易损文献信息古籍采取专门的保护措施，确保安全。古籍和其他珍贵文献信息是图书馆保存各类文献信息中的珍贵资源，一旦遭遇损毁，极有可能对国家和地方文化造成不可挽回的损失。其中一些文献信息历史久远，纸质脆弱易损，为妥善保存、确保安全，在配备防火、防盗设施之外，公共图书馆还应当根据国家有关规定及标准要求，配备专门的防水、防潮、防尘、防有害气体、防阳光直射和紫外线照射、防磁、防静电、防虫、防鼠等保护设施。例如，《图书馆古籍书库基本要求》（GB/T 30227—2013）规定了古籍特藏存储环境的温湿度要求、空气净化要求、光照和防紫外线要求，以及书库的建筑、消防、安防等文献保护和安全相关的基本条件。在此基础上，有条件的公共图书馆也可以采用更加先进的技术方法，加强对古籍和其他珍贵、易损文献信息的保护，公共图书馆管理者还应当学习与掌握文献鉴定的专业知识，以全面了解馆藏中哪些文献属于珍贵文献，有针对性地利用现代文献信息保护技术，对其进行妥善保管和利用。

65. 公共图书馆应当定期检查维护的设施设备主要包括什么？

公共文化服务保障法第二十条规定，公共文化设施管理单位应当按照国家规定的标准，配置和更新必需的服务内容和设备，加强公共文化设施的经常性维护工作，保证公共文化设施的正常使用和运转。在此基础上，本法从正常运行的角度，规定公共图书馆应当定期对其设施设备进行检查维护，这是确保公共图书馆正常运行并有效提供服务的重要保障。

公共图书馆的设施设备包括建筑设备和技术设备等。建筑设备包括给水排水、通风空调、强弱电及网络布线等；技术设备包括电子计算机、网络设备和相关外围设备，视听及音像控制设备，文献数字化加工复制设备，图书防盗设备，文献消毒设备，流动图书车，缩微制品摄制、冲洗及阅览设备，视障和老龄阅读设备，装裱及文献修复设备，自助借还设备，书架、阅览桌椅、目录柜、出纳柜台等家具设备，其他设备等。《公共图书馆建设标准》《公共图书馆建设用地指标》《公共图书馆服务规范》《图书馆建筑设计规范》等标准规范对上述设施设备的配置和管理提出了具体的建议与要求，公共图书馆应当参照相关标准的要求，依法制定公共图书馆设施设备的定期检查维护制度，落实定期检查维护人员，确保公共图书馆设施设备的正常运行。

66. 如何理解公共图书馆的设施设备不得用于与服务无关的商业经营活动？

公共图书馆法第二十九条第二款规定，公共图书馆的场地设施设备不得用于与其服务无关的经营活动。这是对公共图书馆场地设施设备使用的禁止性条款。本款规定与公共文化服务保障法相衔接，公共文化服务保障法第十九条第一款规定，任何单位和个人不得擅自拆除公共文化设施，不得擅自改变公共文化设施的功能、用途或者妨碍其正常运行，不得侵占、挪用公共文化设施，不得将公共文化设施用于与公共文化服务无关的商业经营活动。

公共图书馆法限定了公共图书馆设施设备场地的使用范围，即不得用于与其服务无关的商业经营活动。公共图书馆第四章规定公共图书馆服务包括免费向社会公众提供文献信息查询、借阅；阅览室、自习室等公共空间设施场地开放；公益性讲座，阅读推广，培训、展览等。公共图书馆的设施设备场地应当优先用于保障本法规定的公共图书馆服务，同时，为了更好地向公众提供服务，公共图书馆可以利用公共图书馆的设施设备场地适当开展与其服务相关的商业经营活动。

所谓与公共图书馆服务相关，需要着重把握以下两点：一是开展商业经营活动应以有利于图书馆服务活动为目的，不得违反和削弱公共图书馆服务的宗旨和功能。二是开展商业经营活动的项目和范围应当与公共图书馆的服务内容有内在关联，属于公共图书馆服务的延伸与扩展。例如，公共图书馆可以利用其设施设备场地有偿提供文献信息复制服务，或开辟空间场地售卖图书、文具等，以方便读者的阅读和学习；又如，公共图书馆也可以在馆内开设咖啡厅或设置收费停车场，以满足读者在获取图书馆服务过程中的餐饮和停车需求；等等。但是，如果公共图书馆将其公共空间出租用于服装卖场等，就违反和削弱了公共图书馆的宗旨和功能，属于与其服务无关的商业经营活动，应当被禁止。另外，公共图书馆开展与其服务相关的商业经营活动，其收费标准应由物价部门统一核定，公共图书馆应当严格执行有关财务规章，对经营活动收入进行严格管理，不得擅自将经营活动收入用于员工福利。

67. 公共图书馆为什么需要加强馆际交流与合作?

公共图书馆法第三十条规定，公共图书馆应当加强馆际交流与合作。2015 年，中共中央办公厅、国务院办公厅发布的《关于加快构建现代公共文化服务体系的意见》提出，要“以行业联盟等形式，开展馆际合作，推进公共文化机构互联互通”。馆际交流与合作能够弥补单个公共图书馆在馆藏文献信息建设、服务等方面的不足，实现优势互补，有利于建设互联互通的公共图书馆服务网络，提升公共图书馆整体服务效能。公共图书馆法赋予了各级公共图书馆参与馆际交流与合作的法定责任，从法律层面促使公共图书馆重视馆际交流与合作，联合开展文献信息建设和服务，提高文献信息利用率。

68. 公共图书馆开展馆际交流与合作的主要方式和目标是什么?

公共图书馆际交流与合作的主要方式为联合采购、联合编目和联合服务，联合采购、联合编目、联合服务的目的是实现文献信息的共建共享，促进文献信息的有效利用。

(一) 联合采购

联合采购是指若干图书馆自愿组成联盟或者团体，合作开展文献信息采购工作，规范采购行为，形成规模效应的采购方式。联合采购有利于有效使用文献信息购置费，降低采购成本和风险；规避各馆重复采购的弊端，使文献信息得到合理配置；同时节省了单个图书馆分别与供应商进行谈判的时间、精力和资金，提高了图书馆的议价能力，有利于谋求最优价格和最佳服务。例如，近年来兴起一种联合采购数字资源的新形式——集团采购，即联盟内成员馆自愿组成团体，共同推举谈判代表与数据库商就数据库资源的价格与使用条款等事宜进行相关协商与谈判，最终达成购买协议，签订购买合同。我国一些地区正在进行中文文献联合采购的实践探索，也将为我国在更大范围内开展公共图书馆联合采购提供参考。

（二）联合编目

联合编目是指若干图书馆（或其他文献机构）通过联机合作编目，共同建立一个能够储存每一个成员馆馆藏信息的联机联合目录数据库。也可以说，联合编目是指若干个文献信息机构在自愿联合的基础上，利用先进的计算机技术与网络系统，通过一定的协议建立书目信息交换关系，根据统一的编目规则与工作规程分担编目任务，共享编目成果。联合编目避免了重复工作，降低了各馆的编目成本，提高了编目工作效率和质量，实现了书目数据共建共享，同时有利于在此基础上开展馆际合作，实现文献信息的共享。目前，世界上最大的联机书目数据库 Worldcat 已集成全世界范围内超过 10000 家图书馆的书目数据。国内方面，1997 年 10 月，全国图书馆联合编目中心在国家图书馆成立，负责在全国范围内组织和管理图书馆联机联合编目工作，运用现代图书馆的理念和技术手段，将各级各类图书馆丰富的书目数据资源和人力资源整合起来。截至 2018 年 3 月，全国图书馆联合编目中心已有 1 个中心、33 个分中心，2600 余个成员馆，使用编目中心书目数据的单位超过 3200 余家。2000 年 12 月，地方版文献联合采编协作网正式开通，积极、有效地开展地方版文献采购协作和跨地区联合编目工作，将各地方、各类型图书馆及其多种文献以网络方式组织起来，至今已有百余家成员馆，形成一个 200 多万条记录的网上书目库。

（三）联合服务

联合服务是指通过统一网络平台，整合各图书馆的文献信息和服务，为公众提供更为多样、便捷的公共图书馆服务。联合服务有利于充分发挥各馆优势，实现公共图书馆优质服务覆盖更多的公众，促进文献信息的有效利用，并最大限度地满足公众的文献信息需求，提升公众满意度。公共图书馆联合服务包括馆际通借通还、参考咨询联盟、讲座展览联盟等内容。此外，本法第四十条规定政府设立的公共图书馆应当建立线上线下相结合的文献信息共享平台；第四十八条规定国家支持公共图书馆加强与学校图书馆、科研机构图书馆以及其他类型图书馆的交流与合作，开展联合服务；第三十二条规定，公共图书馆与档案馆、博物馆、纪念馆等单位联合开展服务，以上亦均是公共图书馆联合服务的形式和内容。

69. 公共图书馆总分馆制的建设主体是谁?

公共图书馆法第三十一条规定，县级人民政府是公共图书馆总分馆制的建设主体，明确了县级人民政府在公共图书馆总分馆制建设方面的主体责任。2016 年，原文化部、新闻出版广电总局、体育总局、发展改革委、财政部联合发布《关于推进县级文化馆图书馆总分馆制建设的指导意见》(以下简称《指导意见》)，根据《指导意见》的要求，要发挥县级人民政府在总分馆制建设规划、组织和推进方面的统筹作用。除了县级人民政府，公共图书馆总分馆制的建设还需要其他相关主体的参与，《指导意见》提出，“各级文化行政部门要加强与有关部门的统筹协调，推动工作开展，形成工作合力。各有关部门要积极配合，加强基层文化资源的共建共享。省级和设区的市级文化馆、图书馆要大力支持县级文化馆、图书馆总分馆制建设，加强业务指导。”

70. 怎样建设公共图书馆总分馆制?

公共图书馆总分馆制的主要建设内容为“以县级公共图书馆为总馆，乡镇（街道）综合文化站、村（社区）图书室等为分馆或者基层服务点的总分馆制，完善数字化、网络化服务体系和配送体系”。总分馆制的基本结构为县级公共图书馆为总馆，乡镇（街道）综合文化站、村（社区）图书室等为分馆或者基层服务点。本法第十四条规定，县级以上人民政府应当设立公共图书馆。总分馆制应当以县级公共图书馆为中心进行建设，将符合条件的乡镇（街道）综合文化站、村（社区）图书室纳入总分馆体系，作为分馆，暂时未能达到分馆建设标准的基层公共文化设施可以设立基层服务点。根据《指导意见》的要求，还应推动农家书屋与县级图书馆资源整合和互联互通，使符合条件的农家书屋成为图书馆分馆。公共图书馆总分馆制建设还应当积极引导社会力量参与。例如，可以鼓励具备条件的学校、科研机构、企业等的图书馆（室）、职工书屋等根据自身职能特点，在自愿原则下成为分馆。鼓励符合条件、具有资质的上网服务场所等成为基层服务点。总分馆制建设的内容还包括完善数字化、网络化服务体系和配送体系，实现通借通还。公共图书馆总分馆制建设应充分发挥互联网等现代信息技术优势，利用数字图书馆推广工程服务平台和资源，打造互联互通的县域公共图书馆数字服务网络。充分利用流动图书车等设施和手段，广泛开展流动服务，扩大公共图书馆服务的有效覆盖。要通过县级图书馆总分馆制，整合县域内的公共阅读资源，实行总馆主导下的文献资源统一采购、统一编目、统一配送、通借通还和人员的统一培训。

建设公共图书馆总分馆制应当坚持“因地制宜”和“符合当地特点”的基本原则。近年来，各地结合实际，在推动公共图书馆总分馆制建设方面作出积极探索，积累了许多行之有效的经验，形成了包括“中心馆—总分馆”“一个总馆+多个分馆+若干服务点”等多种总分馆模式。我国幅员辽阔，地区之间差异较大，各地县域统筹公共图书馆网络建设面临各种复杂情况，不能搞一刀切。因而，应在深入调查研究、具体掌握本地区特点的基础上，形成方案、积极稳步推进。要坚持因地制宜、试点先行，根据东中西地区实际，稳步推进、分类指导，及时总结建设经验，发挥典型示范作用，探索具有不同区域特点的总分馆制。

公共图书馆总分馆制建设的目标是促进公共图书馆服务向城乡基层延伸。本法第十三条规定，国家建立覆盖城乡、便捷实用的公共图书馆服务网络。总分馆制建设是公共图书馆服务网络建设的重要实现形式，总分馆制建设应当强化基层、促进均等。以乡村两级为重点，以需求为导向，促进公共图书馆资源向基层特别是农村倾斜，保障城乡群众普遍均等地享有基本公共文化服务。

71. 公共图书馆总分馆制中总馆应发挥什么作用?

公共图书馆法明确规定了总分馆制中总馆的职责，明确总馆应当加强对分馆和基层服务点的业务指导。总馆加强对分馆和基层服务点的业务指导，是为了提升分馆和基层服务点的服务能力和服务水平，把优质公共图书馆服务延伸到城乡基层，保障公共图书馆服务的均衡化。总馆对分馆和基层服务点的业务指导形式包括制定业务工作的标准和规则、对分馆和基层服务点工作人员进行培训、指导分馆和基层服务点的业务活动和读者服务工作等。

72. 公共图书馆有哪些馆藏文献信息属于档案或文物？

档案是指过去和现在的国家机构、社会组织以及个人从事政治、军事、经济、科学、技术、文化、宗教等活动直接形成的对国家和社会有保存价值的各种文字、图标、声像等不同形式的历史记录。文物包括：（1）具有历史、艺术、科学价值的古文化遗址、古墓葬、古建筑、石窟寺和石刻、壁画；（2）与重大历史事件、革命运动或者著名人物有关的以及具有重要纪念意义、教育意义或者史料价值的近代现代重要史迹、实物、代表性建筑；（3）历史上各时代珍贵的艺术品、工艺美术品；（4）历史上各时代重要的文献资料以及具有历史、艺术、科学价值的手稿和图书资料等；（5）反映历史上各时代、各民族社会制度、社会生产、社会生活的代表性实物。公共图书馆馆藏文物主要包括古籍、舆图、信札、奏折、诰命、契约文书、经卷、试卷、药方、剧本、歌本、报刊、历史档案、会议记录、讲稿、决定、日记、笔记、合同文书、手稿、标语、题词、统计数据等。此外，还包括绘画、书法、拓片、邮票、票据、音像制品等其他种类。

73. 公共图书馆主要通过什么方式与档案馆、博物馆、纪念馆合作开发利用馆藏档案、文物?

公共图书馆法第三十二条规定，公共图书馆可以与档案馆、博物馆、纪念馆等单位互相交换重复件、复制件或者目录，联合举办展览，共同编辑出版有关史料或者进行史料研究。

（一）互相交换重复件、复制件或者目录

档案正本中主要材料的复制件（或重复件）构成档案的副本，是再现正本（原件）内容和形式特征的复本（复件）。复制件，是指与原件内容相同的复制品。目录，是按照一定的次序编排组织而成的一种揭示和报道文献信息的工具。档案目录，是指由揭示档案特征的条目汇集而成并按照一定次序编排的档案检索工具。文物目录是揭示和报道文物信息的工具，一般包含名称、年代、收藏单位等信息。公共图书馆与档案馆、博物馆、纪念馆等单位交换馆藏档案、文物的重复件、复制件或者目录，有利于各公共文化服务机构之间互通有无，加强公共文化服务机构之间的协调合作，推进档案、文物的数据交换及对接工作，更好地开展馆藏档案、文物的研究与利用，满足用户的信息需求。

档案、文物重复件、复制件或者目录的交换应当按照《中华人民共和国档案法》《中华人民共和国档案法实施办法》《中华人民共和国文物保护法》《文物复制拓印管理办法》《中华人民共和国文物保护法实施条例》《博物馆条例》等相关规定执行。

（二）联合举办展览

联合举办展览是一种合作展览服务，是公共图书馆同档案馆、博物馆、纪念馆等单位进行合作为公众提供展览服务的一种形式。公共图书馆与档案馆、博物馆、纪念馆等联合举办展览，有利于不同的档案、文物收藏单位发挥各自的馆藏优势，整合优质馆藏资源，为社会公众提供更为丰富的展览服务；有利于拓宽优秀传统文化的传播途径，拉近与社会公众的距离，从而进一步增进社会公众对中华文化的认同感，增强中华民族共有精神家园的文化凝聚力。

公共图书馆与档案馆、博物馆、纪念馆等单位可以就一定的主题，通过线上展览、实体展览、巡回展览等方式，联合展示陈列档案、文物的原件或复制件及其研究成果。公共图书馆与档案馆、博物馆、纪念馆等联合举办展览，应当遵守相关法律法规。如联合举办展览中若涉及借用文物的，应当按照文物保护法第四十条关于借用馆藏文物的规定执行；又如，对于馆藏档案的展览应当符合档案法及档案法实施办法中关于档案公开的规定，等等。

（三）共同编辑出版有关史料

共同编辑出版是指公共图书馆可以与档案馆、博物馆、纪念馆等单位合作，根据特定要求选择若干史料或者史料的片断汇集编排成为一部作品，并经过复制向公众发行。史料，是指人类社会历史发展过程中人类思想、行事所留下的痕迹，是研究和编撰历史所用的资料。史料主要来源有实物的（如考古遗迹）、文字的（各种铭刻、文献与著作）和口传的（如民歌）。有的史料，既是书籍，又是档案、文物，如我国古代社会中的某些史籍官书。历史研究工作要求史料的完整全面，公共图书馆与档案馆、博物馆、纪念馆等单位共同编辑出版有关史料，可以使史料研究工作建立在更充分、更具体的史料基础之上，在史实考证上发挥重要作用。同时可以促进馆藏档案文物的研究与利用，充分挖掘馆藏档案文物资源的现实和历史价值。

共同编辑出版有关史料的方式包括：重印或新编历史资料汇编；整理影印期刊、报纸；出版历史资料丛刊；整理编辑以专题档案资料为主要内容的档案史料汇编；整理出版历史人物文集、选集；整理出版有价值的回忆录，包括综合性的丛刊、地区性的回忆录、研究性的回忆录；等等。

（四）共同进行史料研究

史料研究，具有推理、推论、考证、实证馆藏档案和文物的作用，在实际工作中可使档案、文物藏品的鉴定工作相互补充、互为印证，共同反映历史事实，也以其丰富了历史内涵。公共图书馆与档案馆、博物馆、纪念馆等单位共同进行史料研究，可以促进馆藏档案、文物藏品的管理、鉴定、征集，可以通过解密档案验证文物史料研究的真伪，丰富档案、文物藏品的内涵价值，也可以充分发挥公共图书馆、档案馆、博物馆、纪念馆等单位在档案文物资源、学术研究、人才队伍、形象品牌等方面的优势，通过加强合作，建立优势互补、互利共赢的合作机制，促进档案文物的合理利用和中华文明的传播弘扬。

公共图书馆与档案馆、博物馆、纪念馆等单位共同进行史料研究的方式包括：利用馆藏档案、文物互为旁证，共同反映历史事实；分析档案史料的各种表现形式与内在联系，加以综合利用；加强文物价值专题研究；合作开展文献史料研究项目、课题，共同举办学术研讨会；等等。共同进行史料研究的成果包括：在连续性公开出版物上合作发表论文；编辑出版档案史料、文物汇编（包括史料目录、各项图集、典章制度词典、档案译编、档案选编、专题汇编、史料丛编）；出版研究著述（包括学术著作、论述文集）等等。

第四章　服　务

74. 公共图书馆的服务要求有哪些？

国际图书馆协会联合会（IFLA）和联合国教科文组织（UNESCO）于1994年发布的《公共图书馆宣言》，提出“每一个人都有平等享受公共图书馆服务的权利，而不受年龄、种族、性别、宗教信仰、国籍、语言或社会地位的限制。对因任何原因不能享用常规服务和资料的用户，例如小语种民族群体、残疾人、医院患者或监狱服刑人员，必须向其提供特殊服务和资料”。在国内，原文化部和财政部于2011年联合下发了《关于推进全国美术馆公共图书馆文化馆（站）免费开放工作的意见》，明确提出“美术馆、公共图书馆、文化馆（站）是政府举办的公益性文化事业单位，是开展公共文化服务的重要场所，是保障人民群众基本文化权益的重要阵地”，要求三馆一站面向社会免费开放。由以上表述可知，公共图书馆同时具有公共性、公益性、均等性、开放性、共享性等基本特性。

公共图书馆法第三十三条规定，公共图书馆应当按照平等、开放、共享的要求向社会公众提供服务。因此，公共图书馆提供服务时应当遵循平等、开放、共享的基本要求。这与公共图书馆的基本特性相符，并且反映出公共图书馆的核心价值理念。其中，平等是指公共图书馆应当面向每一个社会公众，提供公正、平等、普惠的公共文化服务资源。同时，公共图书馆的设置布局应遵循普遍均等要求，选址要考虑服务半径、服务人口等因素，方便所有公众利用图书馆。开放是指公共图书馆向所在区域的所有公众开放，使每一个人都能够不受年龄、社会地位、健康状况、宗教信仰、性别等的限制，走进公共图书馆，获得图书馆的各类公共文化服务。共享是指公共图书馆作为由政府管理、资助和支持的图书馆，其提供的空间设施、信息资源及文化服务等各类公共产品，应为全民所使用和共享。公共图书馆应采取各种措施和手段，尽可能使任何人在任何时候、任何地点，均可以获得图书馆的服务。总而言之，公共图书馆通过平等、开放、共享的方式，调节了知识和信息的分配，确保每一位社会成员都享有平等地获取信息资源、接受教育的权利，从信息和知识的角度为其生存和发展提供均等的保障，维护社会公平公正。

75. 公共图书馆向社会公众提供哪些免费公共文化服务?

公共图书馆属于公益性文化单位，其公益性主要表现为向公众提供免费的公共文化服务。公共图书馆免费开放包括两个方面的含义：一是指公共空间设施场地的免费开放；二是指与其职能相适应的基本公共服务项目健全并免费向群众提供，即公共图书馆根据当地政府部门制定的公共图书馆基本服务标准或要求，结合当地人民群众的需求特点和本馆服务范围、专业领域，而相应设立的免费公共服务项目。基本公共服务项目将随着社会的不断发展、政府财力的增长和人民群众精神文化需求的不断增长而发展变化。公共图书馆免费开放，不等于所有服务项目都是免费的，也可以在健全基本服务项目的前提下，结合当地人民群众多层次、多样化和多变化的文化需求，开发和设立一些内容丰富、价格优惠的增值服务项目，但是这些服务仍然需要严格遵循非营利目的，所收取费用应用于公共图书馆设施的维护、管理和事业发展。

公共图书馆法第三十三条规定，公共图书馆应当免费向社会公众提供下列服务：文献信息查询、借阅；阅览室、自习室等公共空间设施场地开放；公益性讲座、阅读推广、培训、展览；国家规定的其他免费服务项目。

免费文献信息查询和借阅服务是人民群众获取信息、增长知识、提升素养的重要渠道。2015 年 1 月，中办、国办印发的《国家基本公共文化服务指导标准（2015—2020 年）》规定，公共图书馆（室）、文化馆（站）和村（社区）综合文化服务中心（含农家书屋）等配备图书、报刊和电子书刊，并免费提供借阅服务。公共图书馆应向社会公众提供品种齐全、内容丰富、健康向上、方便快捷的各类免费文献信息查询和借阅服务。

阅览室、自习室等公共空间设施场地向社会公众免费开放，这是由公共文化设施的公益性质所决定的。按照2011年1月，原文化部、财政部《关于推进全国美术馆公共图书馆文化馆（站）免费开放工作的意见》（以下简称《意见》）规定，公共图书馆免费开放的公共空间设施场地包括一般阅览室、少儿阅览室、多媒体阅览室（电子阅览室）、报告厅（培训室、综合活动室）、自习室等；并要求维护好公共图书馆的公益性质，不得以拍卖、租赁等任何形式改变公共空间设施场地的用途，已挪作他用的限期收回。

公共图书馆向社会公众提供公益性讲座、培训、展览服务和阅读推广服务。《意见》规定，公共图书馆应健全并免费提供公益性讲座和展览、基层辅导等基本文化服务项目。基本文化服务项目免费提供，即指公共图书馆按照当地政府部门制定发布的公共图书馆基本服务标准或要求，结合本馆服务范围和专业特点，免费提供基本公共服务项目。同时，作为全民阅读的重要基础设施，公共图书馆向社会公众免费提供阅读推广服务。

除上述应当免费开放的公共空间设施场地以及应免费提供的公共服务项目以外，根据《意见》，公共图书馆还应当提供免费办证、免费验证、免费上网、免费存包等辅助性服务项目。

76. 政府设立的公共图书馆为什么要开展少年儿童服务?

少年儿童是国家的未来，加强对少年儿童的教育培养，是关系到党和国家事业兴旺发达的重大战略性任务。政府设立的公共图书馆作为少年儿童社会教育的重要基地，是少年儿童课外阅读和自学的主要场所，对学校教育起着补充、延伸、深化的作用。1994 年，国际图书馆协会联合会（IFLA）和联合国教科文组织（UNESCO）发布的《公共图书馆宣言》指出，“每一个人都有平等享受公共图书馆服务的权利，而不受年龄、种族、性别、宗教信仰、国籍、语言或社会地位的限制”，并指出公共图书馆的主要使命包括“养成并强化儿童早期的阅读习惯”“激发儿童和青年的想象力和创造力”。我国针对少年儿童权益，专门制定了《中华人民共和国未成年人保护法》(2012 年修订)，其中规定，图书馆等公益性事业单位应坚持把社会效益放在首位，全面贯彻公益性原则，对未成年人免费开放。以上表述均明确了政府设立的公共图书馆为少年儿童提供服务的必要性和重要性。

政府设立的公共图书馆作为公益性文化服务机构，为少年儿童提供服务是保障文化公平的重要手段。公共图书馆应将少年儿童作为服务的重要对象之一，从其实际情况和需求出发，切实做好服务工作，满足少年儿童的精神文化需求。2015 年，中共中央办公厅、国务院办公厅印发的《关于加快构建现代公共文化服务体系的意见》，部署了保障少年儿童基本文化权益的针对性任务。相关内容包括：积极开展面向未成年人的公益性文化艺术培训服务、演展和科技普及活动；开展学龄前儿童基础阅读促进工作和向中小学生推荐优秀出版物、影片、戏曲工作。对于少年儿童，公共图书馆可设立少年儿童阅览区域等专门空间，如面向青少年的绿色、公益性电子阅览室、儿童室或儿童阅览区，为低幼儿童开设玩具阅览室等；图书馆工作人员可择优从幼儿师范、儿童心理学、教育学等专业的高校毕业生中招聘遴选，再配套图书馆专业知识培训；开展形式多样的阅读指导和社会教育活动，如故事会、读书讨论会、表演、阅读推荐、课外辅导等；为学校师生参观图书馆、开展读书活动、信息素养培训等提供场地、人员及智力支持；各省、自治区、直辖市可根据实际情况设立独立建制的少年儿童图书馆，以更好地开展服务。

77. 政府设立的公共图书馆为什么要开展根据老年人、残疾人等群体特点的服务？

国际图书馆协会联合会（IFLA）和联合国教科文组织（UNESCO）在其1994年发布的《公共图书馆宣言》中明确指出，公共图书馆须为那些因任何原因不能利用常规服务和资料的用户，如小语种民族群体、残疾人、医院患者或监狱服刑人员，提供特殊服务和资料。按照国际图书馆协会联合会的界定，公共图书馆应当为那些由于居住条件限制或者由于身体、精神或认知方面的缺陷而不能获得图书馆服务的群体，包括但不限于患者、监狱服刑人员、聋哑人、无家可归者、肢体残疾人、读写困难者等，提供服务。

作为公益性文化服务机构，政府设立的公共图书馆为老年人、残疾人等群体提供服务是保障文化公平性、均等性的重要手段。我国宪法确立了公民在法律面前一律平等的原则，制定了老年人权益保障法、残疾人保障法等，对这类群体的权益给予了特别关注和保护。《中华人民共和国老年人权益保障法》（2015 年修订）第五十八条规定，公共图书馆等场所，应当对老年人免费或者优惠开放；第七十一条规定，国家和社会采取措施，开展适合老年人的群众性文化、体育、娱乐活动，丰富老年人的精神文化生活。《中华人民共和国残疾人保障法》（2008 年修订）第四十三条规定，组织和扶持盲文读物、盲人有声读物及其他残疾人读物的编写和出版，根据盲人的实际需要，在公共图书馆设立盲文读物、盲人有声读物图书室；第五十二条规定，国家和社会应当采取措施，逐步完善无障碍设施，推广信息无障碍处理技术，为残疾人平等参与社会生活创造无障碍环境；第五十五条规定，公共服务机构和公共场所应当创造条件，为残疾人提供语音和文字提示、手语、盲文等信息交流服务，并提供优先服务和辅助性服务。

公共图书馆提供的服务，缺乏针对性就缺乏有效性。政府设立的公共图书馆应当根据老年人、残疾人等群体的特点，积极创造各类条件，提供能够满足和适应其需求的文献信息资源、无障碍设施设备及服务，真正保障这类群体获取公共文化服务的基本权益。中共中央办公厅、国务院办公厅《关于加快构建现代公共文化服务体系的意见》对保障老年人、残疾人的基本文化权益提出了有针对性的具体任务。包括：积极开展面向老年人的公益性文化艺术培训服务、演展和科技普及活动；公共文化服务机构要为残疾人提供无障碍设施；实施盲文出版项目，开发视听读物，建设有声图书馆。对老年人，公共图书馆可提供充足的阅读资源和公共活动空间，如收藏适合老年人阅读的用更大号字体印刷的读物，设置老年阅览室，开办针对老年人的展览或读书会，举办健康养生类讲座，举办计算机技能培训，电话借书等。对残疾人，一是设施无障碍，如图书馆的建筑设置、辅助用具等能让残疾人无障碍利用；二是信息服务上，应该大力推广信息无障碍处理技术，方便视力残疾读者利用网联网和数字技术获取知识和信息。同时，采购有声读物、建设盲文馆藏、开展送书上门服务等。

78. 政府设立的公共图书馆如何为国家机关开展信息与咨询服务?

政府设立的公共图书馆为国家机关开展信息与咨询服务，第一，应当以国家机关制定法律、法规、政策和开展有关问题研究的信息需求为导向。这类需求贯穿于国家机关制定法律、法规、政策的整个过程，同时涵盖国家机关治国理政的各个领域，与国家在各个历史发展时期的政治、经济、文化等领域的中心任务以及面临的热点、重点、难点问题密切契合，因此，公共图书馆在面向国家机关开展信息与咨询服务时就需要充分考虑有关法律、法规、政策制定的时代背景、历史依据，以及国内外实践所积累的经验、存在的问题，包括社会各方面的意见、诉求等，应当准确把握国家机关在立法和方针政策制定过程中的信息需求特点，以制定科学合理的服务策略、采取有效的服务方式和服务手段，提供有针对性的服务内容。第二，在充分了解国家机关用户需求的前提下，公共图书馆应当基于自身所积累的丰富、全面、系统的文献信息资源，开展理论研究和探索，培养具有专业服务能力的咨询队伍，形成成熟的文献信息获取、管理和分析方法，为国家机关有效获取信息提供重要的智力支持。

政府设立的公共图书馆应当根据自身条件，为国家机关在制定法律、法规、政策和开展有关问题研究的过程中，提供文献信息和咨询服务。公共图书馆可以开展的相关服务项目包括：专题咨询、信息专报、文献综述、讲座展览、科研项目、业务培训及战略情报分析等。为地方“两会”提供文献信息服务是公共图书馆为国家机关服务的重要组成部分，具体服务内容还涉及借书证办理、书刊借还、新书推荐、文献复制、文献查询、专题文献汇编等。有条件的公共图书馆可设立专门为国家机关提供服务的部门，开发面向特定机关用户的相关服务产品和品牌，或建立专为国家机关提供服务的数字化信息服务平台，利用现代化信息手段开展服务，提高服务效率。

79. 公共图书馆为什么要推广全民阅读?

公共图书馆作为推动、引导、服务全民阅读重要的公共文化机构，从它诞生的那天起，就担负着培养公众阅读习惯、提升公众阅读能力、为公众阅读提供文献保障的使命。除日常阅读服务外，每年4月23日“世界读书日”（又称“世界图书和版权日”）、5月最后一周“图书馆服务宣传周”、12月“全民读书月”及地方性读书节、读书月期间，各级公共图书馆都会依托馆藏文献信息优势，有针对性地集中组织阅读推荐、图书评奖、读书会、朗诵会、读者沙龙、讲座、展览、图书捐换等活动，并联合社会各界共同开展大规模主题阅读活动，形成了一批阅读推广服务品牌，得到社会各界的广泛关注与赞誉。

公共图书馆推广全民阅读的目标是提升图书馆服务水平，使不爱阅读的人爱上阅读，不会阅读的人学会阅读，阅读有困难的人跨越阅读障碍。推广全民阅读的目标人群包括普通人群和特殊人群，其中特殊人群是阅读推广的重点对象，公共图书馆面向未成年人、老年人、残疾人、流动务工人员等特殊人群提供有针对性的阅读服务，加强适用资源建设和设施配备，并且开展新技术应用培训、阅读辅导、送书上门、网络服务等，帮助未成年人培养阅读习惯，提高阅读能力，帮助老年人、残疾人克服阅读障碍，为流动人员提供阅读方便，以体现公共图书馆对所有人公平服务的职业理念。

80. 公共图书馆向社会公众提供文献信息服务时主要应当遵守哪些法律法规？

公共图书馆向社会公众提供文献信息时，应当遵守有关法律和行政法规的规定。公共图书馆需要遵守的主要法律法规及其相关内容包括：

（1）公共图书馆法第三条规定，公共图书馆应当坚持社会主义先进文化前进方向，坚持以人民为中心，坚持以社会主义核心价值观为引领，传承发展中华优秀传统文化，继承革命文化，发展社会主义先进文化。这条规定为公共图书馆提供文献信息服务指明了大方向。

（2）《中华人民共和国公共文化服务保障法》（2017 年实施）第二十九条规定，公益性文化单位应当完善服务项目、丰富服务内容，创造条件向公众提供免费或者优惠的文艺演出、陈列展览、电影放映、广播电视节目收听收看、阅读服务、艺术培训等，并为公众开展文化活动提供支持和帮助。这条规定对公共图书馆提供健全、完善的文献信息服务提出了要求。

（3）《中华人民共和国著作权法》（2012 年修订）第四十八条规定，未经著作权人许可，复制、发行、表演、放映、广播、汇编、通过信息网络向公众传播其作品的；未经录音录像制作者许可，复制、发行、通过信息网络向公众传播其制作的录音录像制品的，要承担相应的法律责任。《信息网络传播权保护条例》第十八条规定，通过信息网络擅自向公众提供他人的作品、表演、录音录像制品的，要承担相应的法律责任。所以，公共图书馆通过信息网络向社会公众提供文献信息时，必须取得著作权人的许可。这条规定要求公共图书馆提供文献信息时应当尊重知识产权，并监督用户正确使用文献信息。

（4）《中华人民共和国科学技术普及法》（2002 年实施）第十六条规定，科技馆（站）、图书馆、博物馆、文化馆等文化场所应当发挥科普教育的作用。这条规定要求公共图书馆提供的文献信息应当充分发挥科普教育的作用，提高社会公众的科学文化素质和社会文明程度。

（5）《中华人民共和国老年人权益保障法》（2015 年修订）第七十一条规定，国家和社会采取措施，开展适合老年人的群众性文化、体育、娱乐活动，丰富老年人的精神文化生活。这条规定要求公共图书馆提供适应老年人需求的文献信息服务。

（6）《中华人民共和国残疾人保障法》（2008 年修订）第四十三条规定，组织和扶持盲文读物、盲人有声读物及其他残疾人读物的编写和出版，根据盲人的实际需要，在公共图书馆设立盲文读物、盲人有声读物图书室；第五十五条规定，公共服务机构和公共场所应当创造条件，为残疾人提供语音和文字提示、手语、盲文等信息交流服务，并提供优先服务和辅助性服务。这条规定要求公共图书馆对接残疾人需求提供有针对性的服务。

（7）《中华人民共和国未成年人保护法》（2012 年修订）

第三十四条规定，禁止任何组织、个人制作或者向未成年人出售、出租或者以其他方式传播淫秽、暴力、凶杀、恐怖、赌博等毒害未成年人的图书、报刊、音像制品、电子出版物以及网络信息等。这条规定对公共图书馆向未成年人提供的文献信息内容提出了具体要求。

（8）《出版管理条例》第二十五条规定："任何出版物不得含有下列内容：（一）反对宪法确定的基本原则的；（二）危害国家统一、主权和领土完整的；（三）泄露国家秘密、危害国家安全或者损害国家荣誉和利益的；（四）煽动民族仇恨、民族歧视，破坏民族团结，或者侵害民族风俗、习惯的；（五）宣扬邪教、迷信的；（六）扰乱社会秩序，破坏社会稳定的；（七）宣扬淫秽、赌博、暴力或者教唆犯罪的；（八）侮辱或者诽谤他人，侵害他人合法权益的；（九）危害社会公德或者民族优秀文化传统的；（十）有法律、行政法规和国家规定禁止的其他内容的。"该规定要求，公共图书馆不得向社会公众提供含有上述规定的文献信息。

此外，公共图书馆馆藏文献信息属于文物、档案或者国家秘密的，在向社会公众提供时，还应当遵守有关文物保护、档案管理或者保守国家秘密的法律、行政法规规定。

81. 公共图书馆为什么不得向未成年人提供内容不适宜未成年人的文献信息？

《中华人民共和国未成年人保护法》（2012 年修订）第三

十四条规定："禁止任何组织、个人制作或者向未成年人出售、出租或者以其他方式传播淫秽、暴力、凶杀、恐怖、赌博等毒害未成年人的图书、报刊、音像制品、电子出版物以及网络信息等。"第六条规定："保护未成年人，是国家机关、武装力量、政党、社会团体、企业事业组织、城乡基层群众性自治组织、未成年人的监护人和其他成年公民的共同责任。"《出版管理条例》第二十六条规定："以未成年人为对象的出版物不得含有诱发未成年人模仿违反社会公德的行为和违法犯罪的行为的内容，不得含有恐怖、残酷等妨害未成年人身心健康的内容。"因此，公共图书馆作为公益性事业单位，更应坚持把社会效益放在首位，承担维护未成年人身心健康的责任，营造有利于未成年人健康成长的学习环境，向未成年人提供内容健康、积极向上、适应需求的文献信息，保护其免受不良信息的侵害。同时，公共图书馆要面向未成年人大力开展各种阅读指导活动，把思想道德建设内容融于学习和读书之中，充分发挥图书馆的教育功能。

82. 公共图书馆如何依法依规加强对读者活动的管理?

公共图书馆应当依据法律法规加强对各类读者活动的管理。公共图书馆法第三十七条规定，公共图书馆不得从事或允许其他组织、个人在馆内从事危害国家安全、损害社会公共利益和其他违反法律法规的活动。公共文化服务保障法第四十四条规定，任何组织和个人不得利用公共文化设施、文化产品、文化活动以及其他相关服务，从事危害国家安全、损害社会公共利益和其他违反法律法规的活动。所以，与公共图书馆服务相关的一切设施、产品、服务和活动，必须服从党和国家的发展大局，必须有利于维护国家和民族的文化安全；公共图书馆的设施、产品、活动及其他相关服务的设置、存在和利用，均出于公益目的，是社会公共利益的集中体现和实现载体，绝不能用于任何损害社会公共利益的活动，例如将公共图书馆设施挪作他用，以及开展不利于社会安定团结、有违法律规定和社会公德的活动。又如，根据《娱乐场所管理条例》第七条规定，娱乐场所不得设在居民楼、博物馆、图书馆和被核定为文物保护单位的建筑物内。任何组织和个人都不得在公共图书馆内设立歌舞、游艺等娱乐场所。

公共图书馆服务是政府基本公共服务职能之一。政府文化主管部门和公共图书馆必须严格依法行政、规范服务。任何组织和个人利用公共图书馆设施、产品、活动以及其他相关服务，都必须严格遵循相关法律法规和政策制度。公共图书馆设施管理者、产品提供者、活动组织者，也应根据工作特点严格制定、公开并执行相关制度和规范，政府文化主管部门对此应加强监督检查。在推进公共文化服务社会化发展进程中，尤其应当注重提高参与公共文化服务各类社会主体的学法、守法意识，做到各类主体依法参与、有序进入、合规服务、遵章守纪。如利用公共图书馆设施、产品、活动以及其他相关服务从事危害国家安全、损害社会公共利益和其他违反法律法规的活动，本法第四十九条规定了相应的法律责任；如构成违反治安管理行为或者构成犯罪的，本法第五十四条规定了应承担的法律责任。

83. 公共图书馆服务为什么要社会公告？

法律规定公共图书馆应当向社会公告服务内容、开放时间、借阅规则等，充分体现了以人为本的服务理念：一方面可以通过服务公告向公众展示、宣传服务内容和规则，便于公众能够广泛知晓服务内容和借阅方法，更好地利用公共图书馆。另一方面，便于社会公众对公共图书馆更好的监督，规范公共图书馆的服务行为，进而督促公共图书馆提供更好的服务。2003 年 8 月 1 日起施行的《公共文化体育设施条例》第十八条规定，公共文化体育设施管理单位应当向公众公示其服务内容和开放时间。2017 年 3 月 1 日起施行的公共文化服务保障法第三十一条第四款规定，公共文化设施管理单位应当公示服务项目和开放时间。2012 年 5 月 1 日起施行的国家标准《公共图书馆服务规范》（GB/T 28220—2011），也明确规定了公共图书馆公示的具体内容和方式。

84. 公共图书馆向公众公告的内容主要包括哪些？

公共图书馆向公众公告的方式主要包括，通过在公共图书馆馆区醒目位置设置公告栏、制作宣传册以及利用公共媒体、图书馆网站或移动终端等进行公告。《公共图书馆服务规范》要求，公共图书馆的基本服务政策应在馆内醒目位置和图书馆网站的相关栏目向读者公示，其他服务政策及各类服务信息等应通过各种途径方便读者获取。

法律要求公共图书馆公告的服务项目包括服务内容、开放时间、借阅规则等事项。公共文化服务保障法第三十一条第四款规定，公共文化设施管理单位应当公示服务项目和开放时间。《公共文化体育设施条例》第十八条规定，公共文化体育设施管理单位应当向公众公示其服务内容和开放时间。《公共图书馆服务规范》要求，公共图书馆的服务范围、服务内容、服务时间、服务公约、读者须知、借阅（使用）规则、服务承诺等基本服务政策应向读者公示，其他服务政策及各类服务信息等应通过各种途径方便读者获取。

公共图书馆如果遭遇特殊情况暂时无法提供服务，或需要更改开放时间，因馆舍或设备维修等需要暂停全部或部分服务、国家法定节假日需要变更服务时间的，都应当提前向公众公告。提前公告的时间要求至少是提前一周，但如果遇到地震、台风、公共安全、网络安全等不能预见、不能避免和不能克服的突发事件，可以不受时间限制，但公共图书馆得知后应当尽快发布公告，提请读者注意。公共文化服务保障法第三十一条第四款规定，公共文化设施管理单位临时停止开放的，应当及时公告。《公共文化体育设施条例》第十八条规定，公共文化体育设施因维修等原因需要暂时停止开放的，应当提前 7 日向公众公示。《公共图书馆服务规范》

要求，因故须暂时闭馆的，须提前一周向读者公告。如遇公共安全、网络安全等突发事件须临时闭馆或关闭部分区域、暂停部分服务的，应及时向读者公告。

此外，除了基本服务信息外，公共图书馆应当公告的事项还包括服务范围、服务指南、服务承诺、读者须知、设施设备的使用方法、注意事项、收费项目及收费标准等。《公共文化体育设施条例》第十九条规定，公共文化体育设施管理单位应当在醒目位置标明设施的使用方法和注意事项。《广州市公共图书馆条例》第四十三条第一款规定，公共图书馆应当将本馆的服务范围、服务指南、开放时间、收费项目及标准等事项在图书馆入口处、馆内显著位置公示，中心馆、区域总馆还应当在其网站上公示。

85. 公共图书馆为什么要在公休日和国家法定节假日开放？

法律规定公共图书馆在公休日和国家法定节假日等社会公众闲暇时间错时开放，便于更好地适应公众的文化需求，保障公民基本文化权益。《公共文化体育设施条例》第十七条规定，公共文化体育设施应当根据其功能、特点向公众开放，开放时间应当与当地公众的工作时间、学习时间适当错开。国家法定节假日和学校寒暑假期间，应当适当延长开放时间。同时，公共图书馆也要按照国家基本公共文化服务标准及当地实施标准，开放时间不得少于规定时间。其中省级馆每周开放时间不少于 64 小时，地级馆每周开放时间不少于

60 小时，县级馆每周开放时间不少于 56 小时。各级独立建制的少年儿童图书馆每周开放时间不少于 40 小时。

鉴于各级公共图书馆规模、工作人员数量、读者利用习惯等方面的差异，法律规定在国家法定节假日应当有开放时间。一方面要求公共图书馆在法定假日应当安排一定的开放时间，另一方面公共图书馆可以根据实际情况合理安排和调整开放时间、开放范围和服务项目，具有一定的灵活性；同时也能够保障公共图书馆工作人员的休息权利，比较人性化。劳动法第四十条规定，用人单位在元旦、春节、国际劳动节、国庆等法律法规规定的节日期间应当依法安排劳动者休假。此外，公共图书馆可以通过计算机、电视机、手机等电子设备为终端的计算机互联网、广播电视网、移动通信网等信息网络提供远程数字服务，也可以通过自助图书借还机等为读者提供24 小时便捷服务，作为公共图书馆场馆开放服务的补充。

86. 什么是流动服务和自助服务?

流动服务，是指通过资源配送、服务延伸、城乡联动、区域交流等方式开展的公共图书馆服务的一种形态。公共文化服务保障法第三十四条规定，地方各级人民政府应当采取多种方式，因地制宜提供流动文化服务。2014 年 5 月 20 日，原文化部出台《关于加强流动文化服务工作的意见》，要求按照公共文化服务公益性、基本性、均等性和便利性要求，突出政府责任，加强统筹协调，以健全基层流动文化服务设施网点为基础，以各级公共图书馆等机构为骨干，以城乡基层特别是老少边穷地区群众为服务对象，通过送文化下基层、区域文化交流以及公共数字文化服务等多种形式，创新服务手段，拓展服务领域，提升服务效能，实现公共文化服务项目、活动、人才和信息等各项资源的综合利用和共建共享，推进城乡文化一体化发展，更好地保障广大群众基本文化权益。

自助服务，是指由读者自行利用图书馆内提供的各类服务设施和资源，按照图书馆制定的规则和流程，独立获取所需信息的一种图书馆服务方式。自20世纪90年代以来，自助服务的创新理念因其便捷、高效、用户满意度高等优势，逐渐被引入公共图书馆，并得到进一步应用和推广，深受广大读者欢迎。

法律规定公共图书馆要通过流动服务设施和自助服务设施为社会公众提供便捷服务，这两种方式是公共图书馆服务的有效补充和延伸。一方面，体现了以人为本的立法宗旨，通过流动服务设施能够最大限度地深入基层，贴近群众，及时满足人们对公共图书馆的服务需求，拓宽公共图书馆的服务半径，将公共图书馆的多元化服务主动推送给远离图书馆和不便来图书馆的读者；通过自助服务设施让读者可以自行完成原本馆员操作执行的服务，有助于满足读者个性化需求，提升读者自助服务意识，锻炼和培养读者利用图书馆设施及资源开展自我服务的能力。另一方面，流动服务设施和自助服务设施可以帮助偏远地区、人口稀疏地区、公共图书馆设施覆盖盲区、公共图书馆服务空白地区等特殊区域享有公共图书馆服务，将服务延伸到城乡基层，让社会公众享受普遍均等的基本公共文化服务。

87. 如何通过流动服务设施、自助服务设施等为社会公众提供便捷服务？

政府设立的公共图书馆要根据当地经济社会发展水平、自然条件和图书馆工作基础等因素，因地制宜地通过流动服务站、流动图书车等形式，提供注册办证、文献借阅、参考咨询服务，以及举办展览、讲座、读者交流会等活动。《公共图书馆服务规范》要求公共图书馆通过流动站、流动车等形式，将文献外借服务和其他图书馆服务向社区、村镇等延伸，定期开展巡回流动服务。根据原文化部《关于加强流动文化服务工作的意见》相关规定，一方面，要依托公共图书馆及其分馆、基层服务点开展流动服务，在根据本法第三十一条规定，因地制宜建立以县（区）图书馆为总馆，乡镇（街道）文化站为分馆，以村（社区）文化室、农家书屋为基层服务点的总分馆制的基础上，利用流动图书车等流动服务设施，定期为分馆和基层服务点配送和更新图书、报刊和农业技术资料，开展读书活动、读者咨询、培训讲座等延伸服务，为群众借阅图书提供便利。鼓励和支持各地开展图书漂流、阅读推广、图书换读等流动图书服务活动。另一方面，要依托数字文化工程开展流动服务。发挥全国文化信息资源共享工程、数字图书馆推广工程、公共电子阅览室项目的资源优势和传播优势，为流动文化服务提供数字资源支持，搭建对接平台并开展宣传推广。在中西部地广人稀的地方特别是牧区设立小型无线服务站点，为尚未实现网络覆盖的地区提供数字文化服务，使群众可以通过手机、电脑、电视等移动终端获取文化资源和服务。

政府设立的公共图书馆通过馆内自助服务和网络自助服务两种途径为社会公众提供便捷服务。馆内外自助服务包括自助办证、开架借阅、自助借还、自助检索、自助复印（打印、扫描）等；网络自助服务包括通过信息网络开展文献信息查询、借阅、预约、续借、参考咨询、培训等。同时，图书馆在开展自助服务的过程中，需要为读者提供自助服务的培训、帮助和引导，帮助读者学会使用公共图书馆的自助服务设备和各类资源。原文化部发布的《“十三五”时期全国公共图书馆事业发展规划》鼓励地方采取与社会力量合作等方式，建设自助图书服务空间，因地制宜设置自助图书设备，开展办证、阅览、外借等 24 小时图书馆服务；科学规划自助图书服务空间和设备的布点，与各级各类图书馆相辅相成，打造百姓身边的公共阅读场所；加强资源更新、用户辅导和设备维护。

88. 我国公共图书馆数字服务建设现状如何？

我国自 1995 年开始跟踪国际数字图书馆研发进展，经过近20年的建设和发展，特别是自2002年开始，国家陆续组织实施“全国文化信息资源共享工程”“数字图书馆推广工程”“公共电子阅览室建设计划”等公共数字文化工程后，在数字图书馆软硬件平台搭建、数字资源建设与服务、标准规范体系建设、数字图书馆业务与传统业务融合发展等方面取得了显著成效，一个内容丰富、技术先进、覆盖全媒体的国家数字图书馆服务网络正在逐步发展成熟，对构建现代公共文化服务体系发挥了重要的支撑作用。

数字服务设施建设方面，近年来依托公共数字文化工程为各级公共图书馆配备计算机、触摸屏和电子阅读器等数字阅读设备。截至2017年年末，全国各级公共图书馆共有电子阅览终端14.42万台，覆盖城乡的公共数字阅读服务网络正在逐步形成。许多图书馆还积极推进数字阅读空间建设，通过提供数字触摸屏、电子书阅读器、虚拟现实场景体验等各类新兴数字阅读服务，引导读者走近数字阅读，适应时代发展变化。此外，为视障群体提供的数字读屏设备及软件也逐步在各级各类图书馆中得到应用。

数字服务资源建设方面，公共图书馆不断加强数字资源、网络资源等新兴阅读资源的采集入藏，同时充分发挥信息资源组织领域专业优势，深入推进各类型数字阅读资源，特别是传统文化典籍、历史记忆资源、学术文献信息资源以及在线讲座、展览等延伸阅读资源的整合与开发，为社会公众持续提供优质的专题数字阅读资源。此外，各级公共图书馆依托文化共享工程、数字图书馆推广工程等合作平台，逐步实现数字阅读资源共建共享。截至 2017 年年底，全国县以上公共图书馆电子图书藏量达到 10.26 亿册，全国文化信息资源共享工程、数字图书馆推广工程等公共数字文化工程建设的数字资源总量超过 10000TB。

数字服务方面，公共图书馆的服务范围覆盖互联网、移动通信网、广播电视网等，服务终端涵盖计算机、数字电视、手机、手持阅读器、平板电脑等，通过信息技术将图书馆的阅读资源和服务主动推送给读者。截至 2017 年，全国公共图书馆的网站访问量达 19.52 亿页次。据不完全统计，全国省、市级公共图书馆开通移动阅读服务平台数量已达 250 余家；公共图书馆陆续开通并持续运营的官方微信、微博账号超过 1000 个，通过微信、微博开展的数字阅读活动获得了社会的广泛关注和参与。同时，公共图书馆还积极依托数字图书馆推广工程等公共数字文化工程项目平台和中国图书馆学会等行业组织，利用传统节日、世界读书日、全民读书月、图书馆服务宣传周等活动契机，广泛开展线上线下的数字阅读推广活动。

标准建设方面，我国数字图书馆建设之初就提出“标准规范先行”的原则，目前数字图书馆相关的国家标准和行业标准共有 30 余项，数字图书馆相关项目工程也围绕数字资源加工、基本元数据规范、唯一标识符、数字资源检索与应用、长期保存等方面制定了一些项目标准，一个围绕数字图书馆生命周期的标准规范体系已经初步建立，标准规范成果在各级各类数字图书馆建设实践中得到广泛应用。

89. 国家如何推动公共图书馆利用数字化、网络化技术向社会公众提供便捷服务?

法律明确了国家推动公共图书馆利用数字化、网络化技术向社会公众提供便捷服务的重点任务。

一是国家构建标准统一、互联互通的公共图书馆数字服务网络。依照互联网环境下自由共建共享、数据开放互联的原则，促进异构系统间数据交换格式和互操作接口的标准化、规范化和开放性，促进各级公共图书馆之间的数据和资源的互联互通。按照原文化部《“十三五”时期全国公共图书馆事业发展规划》要求，深入实施数字图书馆推广工程，提高各地公共图书馆数字化服务能力，构建标准统一、覆盖城乡、互联互通、便捷高效的公共数字文化服务网络，县级以上公共图书馆全部具备提供互联网服务和移动终端服务的能力。加强公共图书馆数字资源的整合利用，丰富资源类型，提升资源适应性，满足不同终端、不同人群的实际需求。

二是国家支持数字阅读产品开发。按照原文化部《“十三五”时期全国公共图书馆事业发展规划》要求，深入推进专题文献整理出版和专题特色资源库建设，重点加强对地方特色资源、优秀传统文化资源、少数民族文化资源的挖掘整理。推进《中华传统文化百部经典》编纂等重大出版项目实施，依托国家重大文化工程和地方文化建设项目，加大对传统文化典籍的整理阐释与宣传推广。同时，推动各级公共图书馆利用馆藏资源开发电子书、特色资源数据库、有声读物等数字阅读产品，挖掘地方传统文献资源，开发一批弘扬中华优秀传统文化、反映时代精神、符合群众实际需求的数字阅读产品。

三是国家支持数字资源保存技术研究。与传统资源相比，数字资源对载体和技术的依赖性强且生命周期短暂，一旦损失将难以恢复，所以，随着公共图书馆数字资源的飞速增长，只有不断加强对数字资源长期保存技术研究，才能有效保障数字资源的可持续利用。公共图书馆应当结合国家重大信息工程建设，加强先进技术研究转化和应用，利用云计算、大数据等信息技术，加强公共图书馆领域数字资源长期保存等关键技术的研发应用，推动公共图书馆事业与科学技术融合发展。

90. 政府设立的公共图书馆如何利用数字化、网络化技术向社会公众提供优质服务？

法律明确了政府设立的公共图书馆利用数字化、网络化技术向社会公众提供优质服务的重点任务。

一是要加强数字资源建设。按照《文化部“十三五”时期公共数字文化建设规划》要求，坚持弘扬社会主义核心价值观，以群众文化需求为导向，有序推进艺术鉴赏、全民阅读、知识讲座、实用科技、健康生活等基础性数字文化资源建设，形成国家全民阅读基础资源库。可以针对不同群体的文化需求，定制惠农资源、务工资源、少儿资源、社区服务资源、残障专题资源、精准扶贫资源等各具特色的数字文化资源产品，满足不同群体数字文化需求。同时，建设公共图书馆基础资源库，建立包括精品电子书、主流期刊报纸、精品公开课的公共图书馆基础资源库，借助各级公共数字文化服务平台面向全民推广，充分利用移动互联网的优势和特点，满足不同群体的阅读需求。

二是要配备相应的设施设备。公共图书馆应当按照《公共图书馆服务规范》的要求，配备一定数量的计算机，实现公共图书馆网络与宽带接入，提供计算机网络接口，有条件的提供互联网无线网接入服务。可以依托文化信息资源共享工程、公共电子阅览室建设计划、数字图书馆推广工程，加强公共图书馆数字服务设施建设，并配置相应器材设备。同时，要进一步提高公共图书馆的信息化、智能化水平，推进数字阅读空间建设，通过提供数字触摸屏、电子书阅读器、虚拟现实场景体验等各类新兴数字阅读服务，引导读者走近数字阅读，增强公共图书馆服务互动性和趣味性，提高服务质量。此外，要应用数字读屏设备及软件等设施设备为老年人、残疾人等特殊群体提供服务。

三是要建立线上线下相结合的文献信息共享平台。《文化部“十三五”时期公共数字文化建设规划》要求推动县级公共图书馆接入数字图书馆推广工程服务平台，完善数字图书馆推广工程服务网络，促进各级公共图书馆数字资源的整合与共享。建立标准化和开放性的数字图书馆系统，打造基于新媒体的数字图书馆服务业态，通过信息网络和馆舍场地提供“互联网＋借阅”“互联网＋信息服务”，形成面向移动终端、贯通线上线下的服务新格局。按照原文化部《“十三五”时期全国公共图书馆事业发展规划》要求，依托文化信息资源共享工程和数字图书馆推广工程，逐步建立集信息报送、网络监测、统计分析、数据发布、绩效评价等功能于一体的基层公共数字文化综合服务平台，引导优质公共数字文化资源向基层传输，通过开展“菜单式”“订单式”服务，促进供需有效对接。

91. 政府设立的公共图书馆为什么要加强古籍保护工作？

古籍是中华民族历史发展过程中创造的重要文明成果，是中华文明一脉相承的历史见证，是人类文明的瑰宝。《中华人民共和国文物保护法》第二条、第七条分别规定，“历史上各时代重要的文献资料以及具有历史、艺术、科学价值的手稿和图书资料等”属国家文物，应当受到国家保护；“一切机关、组织和个人都有依法保护文物的义务”。国务院办公厅颁发的《进一步加强古籍保护工作的意见》指出，“要大力实施‘中华古籍保护计划’”“全面开展古籍普查登记工作”“建立《国家珍贵古籍名录》，逐步形成完善的古籍保护制度”“改善古籍保管条件，命名全国古籍重点保护单位”“加快推进古籍修复工作，提高古籍修复水平”“进一步加强古籍的整理、出版和研究利用”等相关要求。

新中国成立以来，在党中央和国务院的重视关怀下，在有关部门的大力支持下，我国的古籍保护工作取得了一系列积极的进展。但同时仍然存在一些问题，例如古籍保护和修复人才匮乏，尤其是少数民族古籍保护和整理人员极度缺乏；由于环境污染加重，古籍酸化和脆化程度加快；古籍修复工作技术落后、进展缓慢等问题，因此，公共图书馆需进一步增加责任感、紧迫感和使命感，继续做好古籍保护工作，为社会主义核心价值体系建设提供优秀的文献资源。

政府设立的公共图书馆是重要的古籍收藏机构。严格遵守我国古籍保护各项法律法规，贯彻执行我国古籍保护相关通知和工作意见，是公共图书馆必须履行的义务和职责。据《中国图书馆年鉴》（2016）统计，全国各级各类型图书馆收藏古籍2712.35万册，善本273.47万册。由于年代久远，许多古籍难以保存，传承至今的孤本珍本尤为珍贵。对这些古籍进行妥善保护、开发和利用，不仅是党和政府对公共图书馆的重托，也是新时代公共图书馆应当履行的重要职能，更是坚定文化自信、推动社会主义文化繁荣兴盛的客观要求。

92. 政府设立的公共图书馆应采取哪些手段加强古籍的保护和利用?

古籍保护分为原生性保护和再生性保护。原生性保护是不改变古籍原始特征和载体形式的一种保护方式。主要包括按原样修复和按特藏书库标准保存等。再生性保护是改变古籍的原始特征和载体形式，对古籍内容进行保护的一种方式。主要包括古籍影印、数字化、缩微复制和整理出版等。加强古籍保护要坚持“保护为主、抢救第一、合理利用、加强管理”的指导方针。

（一）要重视原生性保护。要严格按照中华人民共和国国家标准《古籍修复技术规范与质量要求》（GB/T 21712—2008）及时修复馆藏破损古籍，要严格按照中华人民共和国文化行业标准《图书馆古籍书库基本要求》（GB/T 30227—2013）建设和完善古籍书库，优化古籍存放的环境。

（二）要加强再生性保护。2017 年，原文化部发布《“十三五”时期全国古籍保护工作规划》明确“到2020 年，全国古籍资源和保存状况基本摸清，国家级、省级珍贵古籍保护状况明显改善，实施一批珍贵古籍修复项目，完成一批在全国有重大影响的古籍影印出版工作，珍贵古籍缩微复制和数字化成果显著，古籍公共文化服务功能和社会教育的作用更加彰显，古籍保护人才队伍结构不断优化，专业水平明显提升，制度建设、立法工作和标准规范有较大进展，社会参与的广度和深度不断拓展，古籍传承文明、服务社会的能力进一步提升”的发展目标。为此，公共图书馆应依据自身的经费、设备、技术、人才等具体条件，按重点、分批次、有计划地对本馆古籍开展数字化、影印出版、缩微复制等再生性保护措施。一是加强古籍数字化工作。借助互联网、大数据、云服务等高新技术，率先对馆藏珍贵古籍和特色文献进行数字化，合力建设中华古籍数字资源库，积极参与中华古籍综合信息数据管理平台，扩大古籍数字资源开放，促进资源共享，提高利用效率。二是加强古籍整理出版工作。积极参与国家级重点古籍影印和整理出版项目的实施；按照国家相关法律法规，努力争取地方财政支持，有计划、有步骤、有重点地对馆藏古籍进行整理出版，努力提高古籍影印、整理出版质量和资金使用效益。三是推进珍贵古籍缩微复制保存。继续开展珍贵古籍缩微化工作，依据全国古籍普查登记情况，对尚未拍摄的珍贵古籍文献，有计划地开展缩微复制工作。充分发挥缩微技术有利于长期保存的优势，依托数转模技术，以珍贵古籍数字化项目成果为基础，开展珍贵古籍数字资源转换缩微胶片，逐步实现全部珍贵古籍的缩微化长期保存。

（三）要加强古籍宣传工作。加强古籍宣传，“让书写在古籍里的文字活起来”是讲好中国故事、弘扬中国精神、传播中国价值的时代命题，而巡回展览、公益性讲座、善本再造、创意产品开发等方式是新时代公共图书馆宣传和弘扬中华优秀文化最重要的手段和方法。一是举办中华优秀古籍系列巡回展览和讲座。结合国家和自身传统文化典籍整理工程、善本再造工程的实施和成果发布，以及馆藏优秀古籍的挖掘，组织开展线上线下系列巡回展览和讲座，深入诠释、解读中华优秀典籍，进一步激发中华优秀传统文化的生机与活力。与此同时，深入开展经典朗诵、知识竞赛等“礼敬中华优秀传统文化”系列活动，进一步推动优秀传统文化的传承和发展。二是加强善本再造和整理出版。为了便于社会公众和专家学者充分利用和研究古籍，减少对古籍原件的利用磨损，保护古籍原件安全，对古籍可以进行善本再造和整理出版。善本再造是指利用现代出版印刷技术，对具有历史文物性、学术资料性、艺术代表性的珍贵古籍进行仿真复制。三是加强古籍文化创意产品开发。发挥古籍资源丰富的优势，坚持社会效益第一的原则，依托全国公共图书馆文化创意产品开发联盟等平台，依法通过委托、与文化企事业单位合作等方式，开发弘扬中华优秀传统文化、反映时代精神、符合群众实际需求的古籍类高品质的文化创意产品，并利用古籍文化创意产品的展示和发布，举办系列读书活动。借助国内外图书馆行业会议或学术会议，广泛推介中华古籍类文化创意产品。在上述工作基础上，政府设立的公共图书馆还应当不断建立健全古籍宣传推广的工作机制，运用数字化、信息化、网络化等现代技术手段，采取线上线下相结合的方式，加强对中华优秀古籍多媒体、多渠道、多终端传播，形成中华优秀古籍宣传推广的浩荡声势。积极培育中华优秀古籍宣传推广活动品牌，并利用品牌的示范效应带动中华优秀古籍宣传推广活动的深入开展。

93. 公共图书馆为什么要接受社会监督？

公共图书馆接受社会监督是我国相关法律法规的要求。《中华人民共和国宪法》第四十一条第一款规定：“中华人民共和国公民对于任何国家机关和国家工作人员，有提出批评和建议的权利；对于任何国家机关和国家工作人员的违法失职行为，有向有关国家机关提出申诉、控告或者检举的权利，但是不得捏造或者歪曲事实进行诬告陷害。”公共文化服务保障法第五十七条第一款也明确规定：“各级人民政府及有关部门应当及时公开公共文化服务信息，主动接受社会监督。”为此，公共图书馆应定期公告服务开展情况，听取读者意见，建立投诉渠道，完善反馈机制，多途径接受社会监督。

94. 公共图书馆如何通过社会监督改善服务条件，提高服务水平?

公共图书馆应建立健全接受社会监督的机制，通过社会监督改善服务条件，提高服务水平。

第一，定期公告服务开展情况。公共图书馆定期公告服务开展情况，是保障正常发挥公共图书馆设施效能、维护读者知情权的基本要求。根据公共文化服务保障法第二十一条规定，公共文化设施管理单位应当建立健全管理制度和服务规范，建立公共文化设施资产统计报告制度和公共文化服务开展情况的年报制度。此外，公共图书馆作为公共文化设施，应当建立服务开展情况的年报制度，将提供的服务项目、服务数量、接受服务的人数、服务效果等内容，编制成结构完善、数据详实、排版美观的年度报告，定期通过网站、微信公众号等途径进行公告，提高图书馆服务信息的透明度，促进公众对图书馆的关注、认知和良性互动。

第二，广泛听取读者意见。读者意见是改进公共图书馆服务的重要参考。公共图书馆可以通过多种方式虚心听取读者意见。例如，一是在服务窗口显眼的位置或活动现场设置意见本、活动体验评价本、读者意见箱等收集读者意见；二是通过网站留言、论坛回帖、微博及微信评论留言、手机短信、语音电话留言、电话抽样征询等收集读者意见；三是定期发放读者需求调查表和读者满意度调查问卷，主动收集读者意见；四是通过召开各类群体的读者代表座谈会、专题服务征询会等方式，主动听取意见和需求；五是鼓励有条件的公共图书馆引入第三方调查机制，广泛征询公众的意见和建议；等等。

第三，建立投诉渠道。多途径建立投诉渠道是建立和谐的阅读环境，提高服务水平的重要举措。公共图书馆建立投诉渠道的主要方式包括：一是在总服务台设立专人接收读者投诉；二是在服务窗口显眼位置，设立读者投诉监督服务岗；三是公开本馆投诉监督热线电话；四是建立馆长服务接待日制度；五是开设电子信箱、网站、微博、微信等网上投诉通道；六是合理利用新闻媒体投诉渠道；等等。

第四，完善反馈机制。公共图书馆应当重视读者意见或投诉管理，及时处理并反馈处理意见，并将其作为提升读者满意度的重要手段。公共图书馆完善读者意见或投诉反馈机制的主要方式包括：一是设立专门部门、指定专人跟进处理读者意见或投诉；二是完善相关的规章制度，明确读者意见或投诉处理流程和回复时间。根据《公共图书馆服务规范》，读者意见或投诉应在五个工作日内回复并整改落实；三是建立起读者意见或投诉的档案利用机制，合理利用读者意见或投诉，作为馆内绩效考核和服务改进的重要依据；等等。

95. 公共图书馆为什么要保护读者个人信息和隐私？

保护读者信息不仅是公共图书馆遵法守法的必然要求，也是现代社会最基本的伦理规范之一，更是维护知识自由原则的职责所在。本法第五十条明确规定，公共图书馆及其工作人员出售或者以其他方式非法向他人提供读者的个人信息、借阅信息以及可能涉及读者隐私信息的行为，由文化主管部门责令改正，没收违法所得，对直接负责的主管人员和其他直接责任人员追究法律责任。构成违反治安管理行为或者构成犯罪的，还应根据本法第五十四条规定，依法给予治安管理处罚或追究刑事责任。

从法律层面上看，《中华人民共和国民法总则》第一百一十一条规定，自然人的个人信息受法律保护。任何组织和个人需要获取他人个人信息的，应当依法取得并确保信息安全，不得非法收集、使用、加工、传输他人个人信息，不得非法买卖、提供或者公开他人个人信息。《中华人民共和国刑法》第二百五十三条之一规定，“违反国家有关规定，向他人出售或者提供公民个人信息，情节严重的，处三年以下有期徒刑或者拘役，并处或者单处罚金；情节特别严重的，处三年以上七年以下有期徒刑，并处罚金。违反国家有关规定，将在履行职责或者提供服务过程中获得的公民个人信息，出售或者提供给他人的，依照前款的规定从重处罚。窃取或者以其他方法非法获取公民个人信息的，依照第一款的规定处罚。单位犯前三款罪的，对单位判处罚金，并对其直接负责的主管人员和其他直接责任人员，依照各该款的规定处罚。”2017 年 6 月 1 日起施行的《中华人民共和国网络安全法》第四十四条规定：“任何个人和组织不得窃取或者以其他非法方式获取个人信息，不得非法出售或者非法向他人提供个人信息。”第六十四条第二款规定：“违反本法第四十四条规定，窃取或者以其他非法方式获取、非法出售或者非法向他人提供个人信息，尚不构成犯罪的，由公安机关没收违法所得，并处违法所得一倍以上十倍以下罚款，没有违法所得的，处一百万元以下罚款。”

在行业层面上看，1999 年 3 月，国际图书馆协会联合会发布的《关于图书馆与知识自由声明》中指出：“图书馆使用者享有隐私权和匿名权，图书馆员和其他工作人员不得将使用者身份及其所借资料向第三方泄露。”2002 年，中国图书馆学会发布《中国图书馆员职业道德准则（试行）》第四条明确提出，“维护读者权益，保守读者秘密”是中国图书馆界第一次明确认可和强调读者隐私的保护。

因此，公共图书馆应当妥善保护读者信息，向读者提供一个自由、安全利用知识和信息的环境，从而保障读者知识和信息获得权利的充分实现。

96. 公共图书馆如何妥善保护读者个人信息和隐私？

公共图书馆应当采取多种方式妥善保护读者信息。一是加强相关法律法规的全员培训，知法守法。尤其是在互联网环境下，图书馆员应详细知晓2012年12月28日全国人民代表大会常务委员会发布的《关于加强网络信息保护的决定》、2013年6月28日中华人民共和国工业和信息化部第2次部务会议审议通过的《电信和互联网用户个人信息保护规定》，以及2017年6月1日起施行的《中华人民共和国网络安全法》等网络环境下个人信息保护的相关法律法规，切实加强读者信息保护。二是严格遵照《中国图书馆员职业道德准则（试行）》，自觉保守读者秘密。制定读者信息保护的相关制度，明确读者个人信息、借阅信息以及其他隐私信息的管理权限和责任人；严格控制读者信息利用的审批流程，对于不能规避的政府获取行为，需确认是否合法，否则，依法依规地拒绝；加强技术防护，安装防火墙、杀毒软件，防止黑客对流通数据的侵入、窃取和破除。

97. 读者利用公共图书馆时应遵守哪些要求？

任何公民在法律上既是权利的主体，又是义务的主体；既平等地享有权利，又平等地履行义务。为维护公共图书馆正常服务秩序，保障公民平等获取公共图书馆服务的权利，作为读者的公民在利用公共图书馆过程中也应当承担相应的责任。读者在利用公共图书馆时应当遵守以下要求：一是遵守图书馆的相关规定，二是自觉维护公共图书馆秩序，爱护公共图书馆的文献信息、设施设备；三是合法利用文献信息：四是借阅文献信息，应当按照规定时限归还。

98. 读者利用公共图书馆时违反相关要求应如何处理？

《中华人民共和国宪法》第十二条规定："社会主义的公共财产神圣不可侵犯。国家保护社会主义的公共财产。禁止任何组织或者个人用任何手段侵占或者破坏国家的和集体的财产。"第五十一条规定："中华人民共和国公民在行使自由和权利的时候，不得损害国家的、社会的、集体的利益和其他公民的合法的自由和权利。"《中华人民共和国物权法》第四条规定："国家、集体、私人的物权和其他权利人的物权受法律保护，任何单位和个人不得侵犯。"《中华人民共和国公共文化服务保障法》第二十六条规定："公众在使用公共文化设施时，应当遵守公共秩序，爱护公共设施，不得损坏公共设施设备和物品。"

《中华人民共和国宪法》第三十三条明确规定："任何公民享有宪法和法律规定的权利，同时必须履行宪法和法律规定的义务。"权利和义务是相辅相成的，当读者拒不履行其义务，破坏公共图书馆文献信息、设施设备，或者扰乱公共图书馆服务秩序的，公共图书馆工作人员有权予以劝阻、制止；若经劝阻、制止无效的，公共图书馆可以停止为其提供服务。

99. 政府购买服务的主要方式及要求有哪些？

政府购买服务，就是通过市场机制作用，把政府直接为社会公众提供的一部分公共服务事项，按照一定的方式和程序，交由具备条件的社会力量承担，并由政府根据服务数量和质量向其支付费用。

根据国务院办公厅转发的原文化部等部门《关于做好政府向社会力量购买公共文化服务工作意见》，按照政府采购有关规定，政府购买服务的主要有公开招标、邀请招标、竞争性谈判、竞争性磋商、单一来源等方式确定承接主体，可以采取购买、委托、租赁、特许经营、战略合作等各种承接方式。

政府购买服务时要注意以下几个事项：

（一）承接主体资质。承接政府向社会力量购买公共文化服务的主体主要为具备提供公共文化服务能力，且依法在登记管理部门登记或经国务院批准免予登记的社会组织和符合条件的事业单位，以及依法在工商管理或行业主管部门登记成立的企业、机构等社会力量。

（二）明确购买内容。政府向社会力量购买公共文化服务的内容为符合先进文化前进方向、健康积极向上的，适合采取市场化方式提供、社会力量能够承担的公共文化服务，突出公共性和公益性并主动向社会公开。对新增的公共文化服务内容，凡适于以购买服务实现的，原则上都要通过政府购买服务方式实施。

（三）完善购买机制。建立健全方式灵活、程序规范、标准明确、结果评价、动态调整的购买机制。建立以项目选定、信息发布、组织采购、项目监管、绩效评价为主要内容的规范化购买流程。根据所购买公共文化服务特点，分类制定内容明确、操作性强、便于考核的公共文化服务标准，方便承接主体掌握，便于购买主体监管。加强对服务提供全过程的跟踪监管和对服务成果的检查验收，检查验收结果应结合服务对象满意度调查，作为付款的重要依据。建立购买价格或财政补贴的动态调整机制，根据承接主体服务内容和质量，合理确定价格，避免获取暴利。

（四）健全监管机制。加强对政府向社会力量购买公共文化服务的监督管理，建立健全政府购买的法律监督、行政监督、审计监督、纪检监督、社会监督、舆论监督制度，完善事前、事中和事后监管体系，严格遵守相关财政财务管理规定，确保购买行为公开透明、规范有效，坚决遏制和预防腐败现象。

（五）加强绩效评价。健全由购买主体、公共文化服务对象以及第三方共同参与的综合评审机制；加强对购买公共文化服务项目的绩效评价，建立长效跟踪机制。在绩效评价体系中，要侧重服务对象对公共文化服务的满意度评价。政府向社会力量购买公共文化服务的绩效评价结果要向社会公布，并作为以后年度编制政府向社会力量购买公共文化服务预算和选择政府向社会力量购买公共文化服务承接主体的重要参考依据。

100. 公共图书馆为什么要开展志愿服务?

（一）有利于公共图书馆丰富服务内容，更好地解决事业发展不平衡不充分的问题。在新时代，公共图书馆服务必须统筹考虑公众的基本文化需求和多样化文化需求，推动基本服务向优质服务转变。公共图书馆引入志愿服务可以丰富服务供给，拓宽服务范围，提升服务水平。

（二）有助于公民自身综合素养的提升。公民参与公共图书馆志愿服务，可以在一定程度上实现个人精神世界的升华，对自身良好品德形成具有重要的作用；同时也有利于开阔视野，学习新知识，掌握新技能，提升个人综合能力。

（三）有利于加强公共图书馆与社会的互动联系。公民参与图书馆志愿服务，可以近距离了解图书馆的工作内容，提高图书馆知晓度。公共图书馆为公民提供志愿服务场地和机会，有助于团结一大批热心社会公益事业的人士，了解图书馆、宣传图书馆，共同推进公共图书馆事业发展。

101. 县级以上人民政府文化主管部门怎么指导和支持公共图书馆志愿服务?

（一）倡导和宣传公共图书馆的志愿服务。鼓励和支持国家机关、企业事业单位、人民团体、社会组织等成立志愿服务队伍参与到公共图书馆志愿服务活动中去；鼓励和支持公共图书馆面向社会招募志愿者，从文化单位、研究机构、专业院校等各个渠道招募，形成公共图书馆志愿者服务队伍的稳定力量。

（二）指导做好志愿者招募和注册。指导建立公共图书馆志愿服务信息系统，建立完善志愿者注册制度，保护志愿者个人隐私。引导公共图书馆根据志愿服务的需要，及时发布招募信息，明确志愿服务所需的条件和要求，组织开展经常性招募和临时性招募，使公共图书馆的志愿服务有人做、做得好。

（三）支持志愿者培训和管理。政府文化主管部门要建立健全对公共图书馆志愿者的培训机制，以提升志愿者素质和能力为重点，依托高等院校、党校、团校等教育培训机构建立公共图书馆志愿者培训基地，组织学习培训，开展研讨交流，加快培养一批长期参与公共图书馆志志愿服务的志愿者骨干，不断提高志愿者对公共图书馆工作内容的理解，提升其服务意识和服务水平。

（四）健全志愿服务考核激励机制。政府文化主管部门出台政策建立和完善志愿服务记录制度，指导公共图书馆采用统一的内容、格式和记录方式，及时、完整、准确记录志愿者参加志愿服务的信息，规范出具志愿服务记录证明，做好志愿者星级认定工作开展。建立志愿者嘉许制度，褒扬和嘉奖各公共图书馆招募的优秀志愿者，积极探索优秀志愿者激励回馈制度。并且逐步建立志愿服务虚假证明责任追究制度和监督检查制度，保障公共图书馆的志愿服务透明公正。

（五）加强志愿服务保障和支持。制定保障措施和支持措施，促进志愿服务持续健康发展。政府文化主管部门要保障志愿者必要的工作条件，逐步扩大财政资金对公共图书馆志愿服务发展的支持规模和范围，落实各项财税优惠政策，给予经费支持。依法大力发展志愿服务基金，切实加强管理，积极搭建爱心企业、爱心人士与公共图书馆之间的桥梁，引导社会资金参与支持公共图书馆志愿服务发展。鼓励多渠道筹资为志愿者购买保险，为公共图书馆的志愿服务健康持续发展提供有力保障。

102. 为什么要制定公共图书馆服务规范和对公共图书馆服务进行考核?

公共图书馆服务质量和水平高低是公共图书馆运营管理水平的体现，更关系到公共图书馆作用是否得到有效发挥。为了充分保障公共图书馆的服务效能，应做到以下两点：

第一，制定公共图书馆服务规范，让图书馆运营管理做到有章可循、有据可依、有责可查。根据公共图书馆法第四十七条规定，由国务院文化主管部门负责制定国家层面的公共图书馆服务规范，形成全国性公共图书馆服务的统一标准。重点规范公共图书馆服务的内容、种类，以及作为国家层面的“底线标准”，发挥兜底线、指方向、做示范的作用。由省、自治区、直辖市人民政府文化主管部门制定地方层面的公共图书馆服务规范，与当地经济社会发展水平相适应。地方标准确立的服务内容、种类、数量和水平，均应高于国家标准。

第二，加强公共图书馆服务考核评价，奖优惩劣，通过考核了解差距，根据评价结果改进工作，目的是促进提高服务质量、提升服务水平。由各级人民政府文化主管部门制定的公共图书馆服务规范，以标准的方式向公众明确公共图书馆服务的内容、种类、数量和水平，充分体现了以标准化促进均等化，全面提升我国公共图书馆服务质量的基本思路，是检验公共图书馆服务效能与管理的尺度，是评估公共图书馆服务水平的依据。因此，根据各级标准，对公共图书馆服务进行定期考核，有利于发现问题、解决问题，提升服务质量和水平，保证公共图书馆服务目标的实现。

103. 如何开展公共图书馆服务考核?

（一）确立公共图书馆服务考核依据。根据公共图书馆法第四十七条规定，由国务院文化主管部门和各省、自治区、直辖市人民政府文化主管部门制定的公共图书馆服务规范，是对公共图书馆服务质量和水平进行考核的重要依据。

由原文化部提出、经国家质量监督检验检疫总局、国家标准化管理委员会批准发布的我国首个国家标准《公共图书馆服务规范》（GB/T 28220－2011）自2012年5月1日起正式实施。国务院文化主管部门可以根据本法规定，对服务规范进行进一步完善。由各省、自治区、直辖市人民政府文化主管部门制定的公共图书馆服务规范，目前包括《上海市公共图书馆行业服务标准》《安徽省公共图书馆服务标准》《江苏省公共图书馆服务规范》《江西省公共图书馆服务规范》《浙江省公共图书馆服务规范》等。地方文化主管部门也可以根据本法规定，结合本地实际情况制修订当地的公共图书馆服务规范，作为考核依据。

（二）考核应当吸收社会公众参与。公共图书馆服务考核，必须有社会公众参与。也就是说，要把社会公众的满意度和意见反映在考核评价结果之中。

为了更好地发挥公共图书馆的作用，提升公共图书馆运营管理水平，各级人民政府文化主管部门都应当建立公众参与的公共图书馆服务考核评价制度。吸收社会公众参与考核评价的主要目的，就是敦促公共图书馆运营管理者必须关注、反映和研究公众的需求、意见和建议，树立以人民为中心的工作导向，形成供需对接，提高服务的针对性和有效性，满足公众对美好生活的新期待。

（三）考核结果应当向社会公布。对公共图书馆的考核是政府行为，考核结果理应根据《政府信息公开条例》中有关信息公开的要求，通过政府公报、政府网站、新闻发布会以及报刊、广播、电视等媒体的方式或通过信息公告栏、电子信息屏设备等便于公众知晓的方式公开发布。

考核结果向社会公布是政府和公共图书馆履职行为的基本体现，保障了公众的知情权，有助于提高公共图书馆运营管理的透明度，接受社会监督，有助于提升服务水平，改进工作问题，更好地满足社会公众的文化需求。

（四）把考核结果作为对公共图书馆给予补贴或奖励等的依据。为了强化考核的严肃性和针对性，必须注重考核结果的运用。将考核结果与补贴和奖励发放相挂钩，有助于激发图书馆发展活力，促进图书馆服务质量和水平提升。

原文化部印发的《“十三五”时期全国公共图书馆事业发展规划》要求完善公共图书馆绩效考评制度，加强用户评价和反馈，探索建立第三方评价机制，开展群众满意度调查，增强评价的客观性和科学性，将考核结果作为预算确定、收入分配和负责人奖惩的重要依据。

104. 各类型图书馆开展联合服务的主要形式有哪些?

联合服务是指公共图书馆和学校图书馆、科研图书馆以及其他类型图书馆之间在自愿原则下开展馆际交流与合作的一种形式，通常情况下，参加联合服务的图书馆之间应当签订相应的合作协议，制定相应的管理制度，有时还要求有一定的专项经费。

当前开展联合服务，主要有以下十种形式。

（一）馆际互借。馆际互借指图书馆根据读者的特定需求，按照一定协议从其他图书馆借阅本馆未入藏的文献信息；并且，根据互惠原则，在其他馆提出借阅申请时，出借本馆文献信息的外借服务。

（二）文献传递。文献传递是馆际互借的一种特殊方式，主要是指图书馆根据其他馆读者的申请需求，将其所需文献信息按照有关规定进行适当复制后，以网络、邮寄、人工送递等方式，直接或间接传递读者，是一种不需要返还的文献提供服务。

（三）馆藏互借。馆藏互借指图书馆根据协议或事先约定，向图书馆合作组织内的其他馆读者，直接出借本馆文献信息的合作服务。

（四）合作参考咨询。合作参考咨询指图书馆通过合作，建立一整套程序和系统，将本馆馆员无法解答的读者咨询问题转给其他图书馆，请求对方帮助解答的咨询方式。

（五）网上联合导航。互联网上存在着大量有价值的文献，但是网络文献的特点之一是内容庞大、良莠混杂。图书馆合作协调成员馆共同组织网络资源，共建共享网上文献导航库，为读者提供学科主题等服务。

（六）联合开展阅读活动。联合开展讲座、读书会等专题阅读活动，既发挥公共图书馆在社会推广阅读的工作优势，又利用学校、科研机构等图书馆积累下来的专业知识，实现活动资源共享，营造全民阅读氛围。

（七）合作贮存文献。合作贮存文献指不同图书馆共同建立贮存图书馆，以便贮存、保管和提供利用那些利用率低、成员馆无力或无意长期保存的文献。

（八）联合培训馆员。图书馆合作组织通过设置专门的培训职务，或聘请外部专家，定期为成员馆组织培训班、研讨会等。

（九）合作开展研发项目。对单个图书馆无力独立承担的研究项目、技术或产品开发项目、新技术和方法的试验项目，图书馆合作组织可以集中人力、物力共同承担。对于一些难度较大的研发项目，图书馆合作组织可以集资招标，委托专门的研究机构进行。

（十）信息发布。图书馆合作组织可以通过通讯、电子邮件、电子公告板等形式向成员馆通报有关图书馆信息职业的最新动态，以支持成员馆的独立决策。

105. 如何推动各类图书馆向社会公众开放？

在社会主义市场经济条件下，推动其他类型图书馆向社会公众开放有多种方式。

（一）积极履行法规政策向社会公众开放。例如，2015年教育部《普通高等学校图书馆规程》第三十七条规定，图书馆应在保证校内服务和正常工作秩序的前提下，发挥资源和专业服务的优势，开展面向社会用户的服务。

（二）鼓励探索采取适当有效的激励措施和补偿机制。

例如，将学校图书馆、科研机构图书馆以及其他类型图书馆面向公众开放纳入政府购买服务范畴，灵活采取购买服务、项目补贴、以奖代补等方式给予支持。

（三）鼓励开展互惠互利的联合服务，建立公共图书馆与其他类型图书馆互惠互利的合作机制。学校图书馆、科研机构图书馆以及其他类型图书馆在向社会公众提供服务的同时，也可以让本单位人员能够获得公共图书馆系统必要的文献、资金和技术支持，从中受益。

第五章　法律责任

106. 公共图书馆及其工作人员没有依法提供服务，需承担哪些法律责任？

依据公共图书馆法第五十条，公共图书馆及其工作人员没有依法提供文献信息服务和设施设备场地服务的行为有以下几种情形：

一、违规处置文献信息

公共图书馆法第二十八条第一款规定，公共图书馆应当妥善保存馆藏文献信息，不得随意处置；确需处置的，应当遵守国务院文化主管部门有关处置文献信息的规定。此处所说的违规主要是指违反国务院文化主管部门有关处置文献信息的规定。公共图书馆的文献信息处置是一项高度专业性、科学性的工作，需要根据一定的原则和规则进行处置，公共图书馆及其工作人员处置文献信息时，如果未遵守国务院文化主管部门有关处置文献信息的规定，应由文化主管部门责令改正，没收违法所得。

二、出售或者以其他方式非法向他人提供读者的个人信息、借阅信息以及其他可能涉及读者隐私的信息

公共图书馆法第四十三条规定，公共图书馆应当妥善保护读者的个人信息、借阅信息以及其他可能涉及读者隐私的信息，不得出售或者以其他方式非法向他人提供。这条规定涉及三类信息：第一类是读者的个人信息。最高人民法院、最高人民检察院《关于办理侵犯公民个人信息刑事案件适用法律若干问题的解释》规定，公民个人信息是指电子或者其他方式记录的能够单独或者与其他信息结合识别特定自然人身份或者反映特定自然人活动情况的各种信息，包括姓名、身份证件号码、通信通讯联系方式、住址、账号密码、财产状况、行踪轨迹等。第二类是借阅信息。一个人的阅读史，其实就是一个人的精神成长史。因此，借阅信息与个体一段时期内的思想变化紧密相关，是个人隐私的重要组成部分。第三类是其他可能涉及读者隐私的信息，如兴趣、偏好、倾向等。违反国家有关规定，通过购买、收受、交换等方式获取公民个人信息，或者在履行职责、提供服务过程中收集公民个人信息的，属于刑法第二百五十三条之一第三款规定的“以其他方法非法获取公民个人信息”。非法获取、出售或者提供公民个人信息，违法所得5000元以上即可入罪。“出售或者以其他方式非法向他人提供读者的个人信息、借阅信息以及其他可能涉及读者隐私的信息”，但是又没有达到刑法犯罪的界限的，由文化主管部门责令改正，没收违法所得。

三、向社会公众提供文献信息违反有关法律、行政法规的规定，或者向未成年人提供内容不适宜的文献信息

公共图书馆法第三十七条规定，公共图书馆向社会公众提供文献信息，应当遵守有关法律、行政法规的规定，不得向未成年人提供内容不适宜的文献信息。提供文献信息服务是公共图书馆的重要职责之一，然而，公共图书馆提供文献信息的内容应当遵守法律、行政法规的规定。未成年人身心还未成熟，对于文献信息缺乏一定的鉴别能力。因此，对于未成年人这一特殊群体，公共图书馆提供的文献信息还应当符合“内容适宜”的标准。未成年人保护法第三十二条规定，国家鼓励新闻、出版、信息产业、广播、电影、电视、文艺等单位和作家、艺术家、科学家以及其他公民，创作或者提供有利于未成年人健康成长的作品。出版、制作和传播专门以未成年人为对象的内容健康的图书、报刊、音像制品、电子出版物以及网络信息等，国家给予扶持。公共图书馆为未成年人提供文献信息服务时，应当遵循下列原则：尊重未成年人的人格尊严；适应未成年人身心发展的规律和特点；教育与保护相结合。

四、将设施设备场地用于与公共图书馆服务无关的商业经营活动

公共图书馆法第二十九条第二款规定，公共图书馆的设施设备场地不得用于与其服务无关的商业经营活动。公共文化服务保障法第二十八条规定，公益性文化单位应当完善服务项目，丰富服务内容，创造条件向社会公众提供免费或者优惠的文艺演出、陈列展览、电影放映、广播电视节目、阅读服务、艺术培训等，并为公众开展文化活动提供支持和帮助。国家鼓励经营性文化单位提供免费或者优惠的公共文化产品和文化活动。这些文化活动与设立公共文化设施的宗旨、与公共文化设施的功能是基本相适应的。但是，不能将设施设备场地用于与公共图书馆服务无关的商业经营活动，判断是否“用于与其服务无关的商业经营活动”，有两个标准：一是以营利为目的，二是与服务“无关”的商业经营活动。为满足读者的个性化需求，公共图书馆会提供一些文献借阅服务延伸出来的文献打印、复印、声像作品制作、文献传递等服务，公共图书馆也会出售一些轻食品、软饮料以及纪念品等，公共图书馆也会提供空间设施设备场地以供培训、展览等。这些服务有些并不属于公共图书馆的基本服务范畴，可以收取少量费用，不过，收费都应当以开展该项服务的合理支出为限度，不以营利为目的。另外，图书馆不得从事与基本公共文化服务无关的商业经营活动，例如，出租公共图书馆的场地设施用于服装销售。为公众在参加阅读、公共鉴赏及其他文化活动之余提供临时性休憩场所的配套性服务不在此列。

五、其他不履行本法规定的公共图书馆服务要求的行为

除了上述四种没有依法提供公共图书馆服务的行为之外，还有一些不履行本法规定的公共图书馆服务要求的行为也要承担法律责任，如未公开馆藏文献目录，未按开放时间要求开放，未对古籍进行保护等。这里提供公共图书馆服务的责任主体是公共图书馆及其工作人员，依据是本法规定的公共图书馆服务要求的行为和其他行为，追究责任的原因是不作为，即本法规定了公共图书馆服务要求的行为，但是，公共图书馆及其工作人员没有依法提供。

公共图书馆及其工作人员有上述五类行为之一的，由文化主管部门责令改正，没收违法所得。

除了上述情形之外，本法还规定了两种特定行为的法律责任：（一）公共图书馆及其工作人员对应当免费提供的服务收费；（二）公共图书馆及其工作人员对应当免费提供的服务变相收费。

本法第三十三条第二款规定，公共图书馆应当免费向社会公众提供下列服务：文献信息查询、借阅；阅览室、自习室等公共空间设施场地开放；公益性讲座、阅读推广、培训、展览；国家规定的其他免费服务项目。上述服务属于应当免费提供的服务项目，公共图书馆及其工作人员不得收费或者变相收费。“变相收费”是指提供服务时附加条件，而附加条件与公共图书馆的运行与服务无直接关系，如以保证金、抵押金、集资、赞助等形式变相收费。依据《中华人民共和国价格法》和《价格行政处罚程序规定》，公共图书馆对政府明令取消的收费项目继续收费的，违反规定以保证金、抵押金等形式变相收费的，则由价格主管部门责令改正，没收违法所得，并处违法所得 5 倍以下的罚款；没有违法所得的，处 5 万元以上 50 万元以下的罚款，情节较重的处 50 万元以上 200 万元以下的罚款；情节严重的，责令停业整顿。

公共图书馆及其工作人员实施第一款中规定的五类行为和第二款中规定的两类行为的，采取双罚制，除了追究公共图书馆的法律责任，对直接负责的主管人员和其他直接责任人员也要依法追究法律责任。判断直接负责的主管人员主要看以下两方面：一是责任人是否对公共图书馆的违法行为存在直接责任，二是责任人是否具有公共图书馆主管人员的身份。其他责任人员指积极地直接实施违法行为并对公共图书馆违法行为起主要作用的单位成员。

107. 出版单位未按照国家规定送交出版物承担什么法律责任？

公共图书馆法第二十六条规定："出版单位应当按照国家有关规定向国家图书馆和所在地省级公共图书馆交存正式出版物。"这一规定对于国家层面和省级层面的呈缴制度作出了法律规定。出版单位应当及时、完整地将正式出版物依法向国家图书馆和所在地省级图书馆交存。国家图书馆或省级图书馆应当对出版社送交的出版物依法进行登记、分类、编目、典藏工作。依据《出版管理条例》的规定，出版单位应当按照国家有关规定向国家图书馆、中国版本图书馆和国务院出版行政主管部门免费送交样本。如果出版单位未依照本条例的规定送交出版物的样本的，由出版行政主管部门责令改正，给予警告；情节严重的，责令限期停业整顿或者由原发证机关吊销许可证。依据《音像制品管理条例》的规定，音像出版单位应当在其出版的音像制品及其包装的明显位置，标明出版单位的名称、地址和音像制品的版号、出版时间、著作权人等事项；出版进口的音像制品还应当标明进口批准文号。音像出版单位应当按照国家有关规定向国家图书馆、中国版本图书馆和国务院出版行政主管部门免费送交样本。如果音像出版单位未依照本条例的规定送交样本的，由出版行政主管部门责令改正，给予警告；情节严重的，并责令停业整顿或者由原发证机关吊销许可证。《图书出版管理规定》《报纸出版管理规定》《期刊出版管理规定》《音像制品出版管理规定》《电子出版物出版管理规定》以及各地关于图书馆的立法中均有交存正式出版物的相关规定。因此，正式出版的文字作品、音乐作品、电影电视录像作品、计算机软件及其他作品，出版单位应当按照相关规定交存正式出版物。本法实施后，国务院有关部门将启动有关法律法规的制定修订工作。

出版单位按规定交存正式出版物，国家图书馆和省级公共图书馆保存正式出版物，本法规定交存的责任主体是正式出版物的出版单位，因此，处罚对象是出版单位，而实施处罚的主体是出版行政主管部门。处罚依据是规定出版物、音像制品等正式出版物交存制度的法律和行政法规。处罚形式包括：责令改正，给予警告；情节严重的，责令限期停业整顿或者由原发证机关吊销许可证。

108. 县级以上人民政府文化主管部门或其他有关部门及其工作人员在公共图书馆管理工作中出现违法行为承担什么法律责任？

公共图书馆法第五条规定，国务院文化主管部门负责全国公共图书馆的管理工作。国务院其他有关部门在各自职责范围内负责与公共图书馆管理有关的工作。县级以上地方人民政府文化主管部门负责本行政区域内公共图书馆的管理工作。县级以上地方人民政府其他有关部门在各自职责范围内负责本行政区域内与公共图书馆管理有关的工作。该条明确了文化主管部门对公共图书馆的管理责任。而其他有关部门如财政部门、民政部门、新闻出版管理部门、价格主管部门等也承担着对公共图书馆的相应管理工作。

本法要求公共图书馆的相关行政管理部门依法履行职责、忠于职守。在对公共图书馆的管理工作中，如果出现滥用职权、玩忽职守、徇私舞弊的行为，可以追究其法律责任。滥用职权是指违反法律规的职责权限和程序，滥用、超越职权的行为。玩忽职守是指不依法履行法律所赋予的职权，违法失职、贻误工作。徇私舞弊是指使用欺骗的方法，恶意规避法律、违法乱纪，谋取个人私利。

根据公务员法第五十三条的规定，公务员必须遵纪守法，不得有玩忽职守、滥用职权等行为，否则依法予以行政处分。本法五十二条所指的滥用职权、玩忽职守、徇私舞弊，属于情节轻微，造成损失不大的一般违法行为，可以追究行政责任。根据《行政机关公务员处分条例》规定，上述行为主要包括不依法履行职责，致使公共图书馆可以避免的爆炸、火灾、传染病传播流行、严重环境污染、严重人员伤亡等重大事故或者群体性事件发生的；公共图书馆发生重大事故、灾害、事件或者重大刑事案件、治安案件，不按规定报告、处理的；对专项款物疏于管理，致使款物被贪污、挪用，或者毁损、灭失的；其他玩忽职守、贻误工作的行为。有上述行为之一的，给予记过、记大过处分；情节较重的，给予降级或者撤职处分；情节严重的，给予开除处分。

本法规定的处分的对象，是文化主管部门或者其他有关部门在公共图书馆管理工作中有滥用职权、玩忽职守、徇私舞弊等违法行为的直接负责的主管人员和其他直接责任人员。实施处分的主体，是上述人员的任免机关或者监察机关。给予行政处分，就是按照公务员法的规定给予处分。行政处分属于内部行政行为，是国家行政机关对其系统内部违法失职的公务员实施的一种惩戒措施，由行政主体基于行政隶属关系依法作出。它具有强烈的约束力，管理相对人不服，行政主体可以强制执行。行政处分种类有六种，分别是警告、记过、记大过、降级、撤职、开除。如果滥用职权、玩忽职守、徇私舞弊，致使公共财产、国家和人民利益遭受重大损失的，则依照刑法的规定构成犯罪。

109. 造成公共图书馆财产损失或者其他损害的承担什么法律责任?

按照公共图书馆法第三十三条第二款规定，公共图书馆应当免费向社会公众提供文献信息查询、借阅；阅览室、自习室等公共空间设施场地开放等服务，读者在公共图书馆借阅文献信息属于合同行为，读者与图书馆形成借阅合同，个人、组织使用公共图书馆的设施设备也属于合同行为，使用者与图书馆形成借用合同，其行为应当受到合同法的规制。合同的一方当事人为公共图书馆文献信息的借阅者或设施设备场地的使用者，另一方面当事人为公共图书馆。造成公共图书馆财产损失或者其他损害的民事责任包括侵权责任和违约责任：

一、侵权责任

民法总则第一百八十六条规定，因当事人一方的违约行为，损害对方人身权益、财产权益的，受损害方有权选择请求其承担违约责任或者侵权责任。侵权责任法第六条规定：行为人因过错侵害他人民事权益，应当承担侵权责任。根据法律规定推定行为人有过错，行为人不能证明自己没有过错的，应当承担侵权责任。判断是否存在侵权责任主要看以下四个方面：第一，客观上，公共图书馆的文献信息、设施设备存在损害后果，这是确定侵权责任的首要的、必要的条件。这里的“损害”是指因一方当事人的行为而导致公共图书馆的文献信息、设施设备的财产方面的合法权益所遭受的不利后果。第二，一方当事人的行为与公共图书馆的文献信息、设施设备的损害后果之间存在因果关系，即行为是导致损害的原因，损害是行为的必然结果。如破坏馆内公共设施和环境的行为，不按相关规程操作计算机、查询机和其他设备的行为，违规使用电子资源的行为，勾画、污损图书馆书刊资料的行为等等，这些行为和文献信息、设施设备的损害后果存在因果关系。第三，从主观条件看，公共图书馆的文献信息、设施设备的使用者存在过错。第四，公共图书馆的文献信息、设施设备的使用者的行为的违法性包括形式的违法和实质的违法。

二、违约责任

根据合同法关于违约的规定，当事人一方不履行合同义务或者履行合同义务不符合约定的，应当承担继续履行、采取补救措施或赔偿损失等违约责任。与损坏公共图书馆的文献信息、设施设备相关的违约责任具有以下四个法律特征：第一，违约责任是当事人一方履行不符合合同约定或法律规定时所产生的民事责任。当文献信息的借阅人损坏了公共图书馆的文献信息，或者未按照规定时限归还所借文献信息时，说明一方当事人违反了借阅合同，当设施设备的使用者损坏了设施设备时，说明一方当事人违反了租赁合同或借用合同的合同义务，由此产生违约责任。第二，违约责任是财产责任。借阅合同中的违约责任的主要目的是补偿因文献信息、设施设备损坏而造成的财产损失，或者未按照规定时限归还所借文献信息而造成的财产损失，而不适用于赔礼道歉等非财产性民事责任形式。第三，违约责任具有补偿性和相对性。违约责任的主要目的在于补偿公共图书馆因当事人一方的损坏行为或延迟归还所借文献信息所遭受的损失。违约责任的相对性，是指违约责任只能在特定的当事人之间产生，合同关系以外的第三人不负违约责任。损害赔偿以赔偿公共图书馆因违约行为而遭受的全部损害为原则。第四，违约责任具有法定性和任意性的双重法律特征。违约责任尽管是以法律的强制性为其后盾，但是具有一定的任意性。在违约责任的承担方面，合同法第一百一十三条规定，当事人一方不履行合同义务或履行合同义务不符合约定，给对方造成损失的，损失赔偿额应相当于因违约所造成的损失，包括合同履行后可以获得的利益。当事人订立合同时，可以预先约定一方当事人在违约时应向对方当事人支付一定数额的金钱。这种方式可以对违约赔偿的范围和数额进行约定，也可以对损害赔偿的计算方法进行约定，甚至可以约定具体数额。因此，实践中公共图书馆应当制定关于损坏文献信息和设施设备以及未按照规定时限归还所借文献信息的赔偿责任，包括具体的赔偿范围和数额等。对于损坏的文献信息，公共图书馆可以允许读者从正规渠道购买相同的文献信息归还只需付少量加工费，但如果读者无法赔偿与所损坏的文献信息一致的图书，那么图书馆可提前约定赔偿的范围和数额。对于珍贵的文献信息，多倍赔偿等也是符合法律规定的。因为，在合同违约的情况下，法律责令另一方承担违约责任其重要的目的就在于使受害人所受损失及时得到恢复或补救，从而维护当事人利益的平衡。

110. 公共图书馆活动中出现违反治安管理、刑事法律行为的怎样处罚？

公共图书馆法第五十四条规定，违反本法规定，构成违反治安管理行为的，依法给予治安管理处罚；构成犯罪的，依法追究刑事责任。包括以下两种情形。

一、违反本法规定，构成违反治安管理行为的

治安管理处罚法第二条规定，扰乱公共秩序，妨害公共安全，侵犯人身权利、财产权利，妨害社会管理，具有社会危害性，依照《中华人民共和国刑法》的规定构成犯罪的，依法追究刑事责任；尚不够刑事处罚的，由公安机关依照本法给予治安管理处罚。治安管理处罚的种类包括警告、罚款、行政拘留、吊销公安机关发放的许可证等。公共图书馆是重要的公共文化设施，因此，公共图书馆的公共秩序和公共安全需要维护，不得破坏公共图书馆的文献信息、设施设备。公共文化服务保障法第二十六条规定，公众在使用公共文化设施时，应当遵守公共秩序，爱护公共设施，不得损坏公共设施设备和物品。公共图书馆法第四十四条规定，读者应当遵守公共图书馆的相关规定，自觉维护公共图书馆秩序，爱护公共图书馆的文献信息、设施设备，合法利用文献信息；借阅文献信息的，应当按照规定时限归还。对破坏公共图书馆文献信息、设施设备，或者扰乱公共图书馆秩序的，公共图书馆工作人员有权予以劝阻、制止；经劝阻、制止无效的，公共图书馆可以停止为其提供服务。根据治安管理处罚法第二十三条的规定，扰乱机关、团体、企业、事业单位秩序，致使工作、生产、营业、医疗、教学、科研不能正常进行，尚未造成严重损失的，或者扰乱车站、港口、码头、机场、商场、公园、展览馆或者其他公共场所秩序的，处警告或者二百元以下罚款；情节较重的，处五日以上十日以下拘留，可以并处五百元以下罚款。

二、违反本法规定，构成犯罪的

违反本法规定，构成犯罪的，则要追究刑事责任。刑事责任指行为人实施刑事法律禁止的行为所必须承担的法律后果。负刑事责任意味着应受刑罚处罚，刑罚包括管制、拘役、有期徒刑、无期徒刑和死刑等主刑，也包括罚金、剥夺政治权利和没收财产等附加刑。违反本法规定，构成犯罪的，包括但不限于以下几种情况：

（一）玩忽职守罪

县级以上人民政府、文化主管部门或其他有关部门及其工作人员滥用职权、玩忽职守、徇私舞弊，致使公共财产、国家和人民利益遭受重大损失的，构成犯罪。根据刑法第三百九十七条规定，国家机关工作人员滥用职权或者玩忽职守，致使公共财产、国家和人民利益遭受重大损失的，处三年以下有期徒刑或者拘役；情节特别严重的，处三年以上七年以下有期徒刑。本法另有规定的，依照规定。国家机关工作人员徇私舞弊，犯前款罪的，处五年以下有期徒刑或者拘役；情节特别严重的，处五年以上十年以下有期徒刑。本法另有规定的，依照规定。根据刑法规定，构成本条的犯罪，除主体是国家机关工作人员以外，还须具备以下条件：一是实施了滥用职权、玩忽职守、徇私舞弊的行为；二是滥用职权、玩忽职守或者徇私舞弊的行为致使公共财产、国家和人民利益遭受重大损失的后果。

（二）侵犯知识产权罪

公共图书馆侵犯著作权人的知识产权的，情节严重的，构成犯罪。依据刑法第二百一十七条规定，以营利为目的，有下列侵犯著作权情形之一，违法所得数额较大或者有其他严重情节的，处三年以下有期徒刑或者拘役，并处或者单处罚金；违法所得数额巨大或者有其他特别严重情节的，处三年以上七年以下有期徒刑，并处罚金；未经著作权人许可，复制发行其文字作品、音乐、电影、电视、录像作品、计算机软件及其他作品的；出版他人享有专有出版权的图书的；未经录音录像制作者许可，复制发行其制作的录音录像的；制作、出售假冒他人署名的美术作品的。侵犯知识产权罪的客观要件表现为未经著作权人同意，侵犯他人专有权利；侵犯知识产权罪的主观方面只能是故意，而不能由过失构成；违法行为具有社会危害性，社会危害性表现为违法所得数额较大、巨大或者有其他严重、特别严重情节。如果侵权行为未造成违法所得数额较大、巨大或者情节严重，就不构成犯罪。

（三）侵犯公民个人信息罪

公共图书馆及其工作人员侵犯公民个人信息的，情节严重的，则构成犯罪。依据刑法修正案九的规定，违反国家有关规定，向他人出售或者提供公民个人信息，情节严重的，处三年以下有期徒刑或者拘役，并处或者单处罚金；情节特别严重的，处三年以上七年以下有期徒刑，并处罚金。违反国家有关规定，将在履行职责或者提供服务过程中获得的公民个人信息，出售或者提供给他人的，依照前款的规定从重处罚。依照刑法规定，构成本罪的条件包括：主体是公共图书馆及其工作人员；客观方面表现为违反国家规定，出售或者非法提供信息给他人；犯罪对象是指在履行职责或者提供服务过程中可以获得的公民个人信息，一般包括姓名、住址、电话、身份证号、个人身份或房地产权证件复印件、个人履历等；必须是情节严重的行为才构成犯罪。

（四）危害国家安全罪

公共图书馆从事或允许其他组织、个人在馆内故意组织、策划、实施颠覆国家政权、推翻社会主义制度等危害国家安全的活动，构成犯罪。根据刑法第一百零三条规定，组织、策划、实施分裂国家、破坏国家统一的，对首要分子或者罪行重大的，处无期徒刑或者十年以上有期徒刑；对积极参加的，处三年以上十年以下有期徒刑；对其他参加的，处三年以下有期徒刑、拘役、管制或者剥夺政治权利。第一百零五条规定，组织、策划、实施颠覆国家政权、推翻社会主义制度的，对首要分子或者罪行重大的，处无期徒刑或者十年以上有期徒刑；对积极参加的，处三年以上十年以下有期徒刑；对其他参加的，处三年以下有期徒刑、拘役、管制或者剥夺政治权利。构成危害国家安全罪的，主观上必须是故意，即行为人必须具有明知自己的行为会发生危害国家安全的结果，并且希望或者放任这种结果发生的心理态度。客观上实施了危害中华人民共和国国家安全的行为，如故意组织、策划、实施危害国家安全的活动，并由此造成了危害中国国家安全的客观结果。《最高人民法院关于审理非法出版物刑事案件具体应用法律若干问题的解释》第一条规定，明知出版物中载有煽动分裂国家、破坏国家统一或者煽动颠覆国家政权、推翻社会主义制度的内容，而予以出版、印刷、复制、发行、传播的，依照刑法第一百零三条第二款或者第一百零五条第二款的规定，以煽动分裂国家罪或者煽动颠覆国家政权罪定罪处罚。

（五）故意泄露国家秘密罪

公共图书馆及其工作人员故意泄露国家秘密，情节严重的，则构成犯罪。依据刑法第三百九十八条第一款的规定，国家机关工作人员违反保守国家秘密法的规定，故意泄露国家秘密，情节严重的，处三年以下有期徒刑或者拘役；情节特别严重的，处三年以上七年以下有期徒刑。公共图书馆对于保密资料应该妥善保管，防止有人利用这些资料获取国家机密。公共图书馆的工作人员故意泄露国家秘密，情节严重的，则要追究其刑事责任。根据刑法规定，构成本条的犯罪，除主体是国家工作人员外，还须具备以下条件：一主观上是故意。二是客观上有泄露国家秘密的行为，所谓泄露，就是行为人把自己掌管的或者知道的国家秘密让不应该知道的人知道。泄露行为的方式可以是多种多样的，可以是口头泄露，也可以是书面泄露；可以是用交实物的方法泄露，也可以是用密写、影印、拍摄、复制等方法。三是达到情节严重的程度。情节严重应从泄露国家秘密的密级程度、泄露的次数、时间、后果等全方面地判断。

第六章 附 则

111. 公共图书馆法从什么时候开始施行？

法律的施行日期就是法律的生效时间。立法法第五十七条规定，法律应当明确规定施行日期。明确施行日期是法律得到有效实施的必要前提。我国法律关于施行日期的规定，主要有两种情况：一是规定在法律通过以后的一段时间才施行。二是规定法律自公布之日起施行。本法属于第一种情形，其通过的时间是2017年11月4日，施行时间是2018年1月1日，有关公共图书馆运行、管理的主体应当自2018年1月1日起，依照本法履行各项义务，行使各项权利。从通过到施行近两个月的时间，可以为本法的顺利实施做准备。在本法实施之前，相关部门需要完成以下任务。

一是理顺本法与现行相关法律、法规、规章、办法、规定等规范文件的关系。公共文化服务保障法于2017年3月1日起正式施行，而发展公共图书馆事业，是完善公共文化服务体系的重要内容，本法与同位阶的公共文化服务保障法、公益事业捐赠法等法律的关系，应遵循“新法优于旧法”的原则。与行政法规、规章、办法、规定等的关系，应遵循“上位法优于下位法”的原则。比如《公共文化体育设施条例》《博物馆条例》等，如与本法有抵触，要根据本法的规定予以修改。

二是本法规定的一些措施制度需要配套规定具体化，相关政府与部门应及时制定有关配套文件。比如，本法第四条规定，县级以上人民政府应当将公共图书馆事业纳入本级国民经济和社会发展规划，将公共图书馆建设纳入城乡规划和土地利用总体规划，加大对政府设立的公共图书馆的投入，将所需经费列入本级政府预算，并及时、足额拨付。国家鼓励公民、法人和其他组织自筹资金设立公共图书馆。县级以上人民政府应当积极调动社会力量参与公共图书馆建设，并按照国家有关规定给予政策扶持。本法第十四条规定，县级以上人民政府应当设立公共图书馆。地方人民政府应当充分利用乡镇（街道）和村（社区）的综合服务设施设立图书室，服务城乡居民。因此，各级人民政府与相关部门需要抓紧制定出台配套规章文件。

三是要做好法律的宣传普及工作。公共图书馆法涉及公民基本文化权益和基本文化需求的实现，公共图书馆是社会主义公共文化服务体系的重要组成部分，公共图书馆与社会公众的阅读活动息息相关，因此，公共图书馆的设立、运行与服务会牵涉到国家和社会的多个方面，有关部门与社会应做好宣传、普及工作，为法律施行创造条件。

此外，法律的施行时间还涉及法律对其施行前的行为的溯及力的问题。我国法律除明确规定可溯及既往的情况以外，一般没有溯及力。本法对于溯及力问题未作规定，因此，对于本法施行以前的行为，不适用本法的规定。

附录一

法律原文

中华人民共和国公共图书馆法

（2017 年 11 月 4 日第十二届全国人民代表大会常务委员会第三十次会议通过　根据 2018 年 10 月 26 日第十三届全国人民代表大会常务委员会第六次会议《关于修改〈中华人民共和国野生动物保护法〉等十五部法律的决定》修正）

目　　录

第一章　总　　则

第一条　为了促进公共图书馆事业发展，发挥公共图书馆功能，保障公民基本文化权益，提高公民科学文化素质和社会文明程度，传承人类文明，坚定文化自信，制定本法。

第二条　本法所称公共图书馆，是指向社会公众免费开放，收集、整理、保存文献信息并提供查询、借阅及相关服务，开展社会教育的公共文化设施。

前款规定的文献信息包括图书报刊、音像制品、缩微制品、数字资源等。

第三条　公共图书馆是社会主义公共文化服务体系的重要组成部分，应当将推动、引导、服务全民阅读作为重要任务。

公共图书馆应当坚持社会主义先进文化前进方向，坚持以人民为中心，坚持以社会主义核心价值观为引领，传承发展中华优秀传统文化，继承革命文化，发展社会主义先进文化。

第四条　县级以上人民政府应当将公共图书馆事业纳入本级国民经济和社会发展规划，将公共图书馆建设纳入城乡规划和土地利用总体规划，加大对政府设立的公共图书馆的投入，将所需经费列入本级政府预算，并及时、足额拨付。

国家鼓励公民、法人和其他组织自筹资金设立公共图书馆。县级以上人民政府应当积极调动社会力量参与公共图书馆建设，并按照国家有关规定给予政策扶持。

第五条　国务院文化主管部门负责全国公共图书馆的管理工作。国务院其他有关部门在各自职责范围内负责与公共图书馆管理有关的工作。

县级以上地方人民政府文化主管部门负责本行政区域内

公共图书馆的管理工作。县级以上地方人民政府其他有关部门在各自职责范围内负责本行政区域内与公共图书馆管理有关的工作。

第六条 国家鼓励公民、法人和其他组织依法向公共图书馆捐赠，并依法给予税收优惠。

境外自然人、法人和其他组织可以依照有关法律、行政法规的规定，通过捐赠方式参与境内公共图书馆建设。

第七条 国家扶持革命老区、民族地区、边疆地区和贫困地区公共图书馆事业的发展。

第八条 国家鼓励和支持发挥科技在公共图书馆建设、管理和服务中的作用，推动运用现代信息技术和传播技术，提高公共图书馆的服务效能。

第九条 国家鼓励和支持在公共图书馆领域开展国际交流与合作。

第十条 公共图书馆应当遵守有关知识产权保护的法律、行政法规规定，依法保护和使用文献信息。

馆藏文献信息属于文物、档案或者国家秘密的，公共图书馆应当遵守有关文物保护、档案管理或者保守国家秘密的法律、行政法规规定。

第十一条 公共图书馆行业组织应当依法制定行业规范，加强行业自律，维护会员合法权益，指导、督促会员提高服务质量。

第十二条 对在公共图书馆事业发展中作出突出贡献的组织和个人，按照国家有关规定给予表彰和奖励。

第二章　设　　立

第十三条　国家建立覆盖城乡、便捷实用的公共图书馆服务网络。公共图书馆服务网络建设坚持政府主导，鼓励社会参与。

县级以上地方人民政府应当根据本行政区域内人口数量、人口分布、环境和交通条件等因素，因地制宜确定公共图书馆的数量、规模、结构和分布，加强固定馆舍和流动服务设施、自助服务设施建设。

第十四条　县级以上人民政府应当设立公共图书馆。

地方人民政府应当充分利用乡镇（街道）和村（社区）的综合服务设施设立图书室，服务城乡居民。

第十五条　设立公共图书馆应当具备下列条件：

（一）章程；

（二）固定的馆址；

（三）与其功能相适应的馆舍面积、阅览座席、文献信息和设施设备；

（四）与其功能、馆藏规模等相适应的工作人员；

（五）必要的办馆资金和稳定的运行经费来源；

（六）安全保障设施、制度及应急预案。

第十六条　公共图书馆章程应当包括名称、馆址、办馆宗旨、业务范围、管理制度及有关规则、终止程序和剩余财产的处理方案等事项。

第十七条　公共图书馆的设立、变更、终止应当按照国家有关规定办理登记手续。

第十八条 省、自治区、直辖市人民政府文化主管部门应当在其网站上及时公布本行政区域内公共图书馆的名称、馆址、联系方式、馆藏文献信息概况、主要服务内容和方式等信息。

第十九条 政府设立的公共图书馆馆长应当具备相应的文化水平、专业知识和组织管理能力。

公共图书馆应当根据其功能、馆藏规模、馆舍面积、服务范围及服务人口等因素配备相应的工作人员。公共图书馆工作人员应当具备相应的专业知识与技能，其中专业技术人员可以按照国家有关规定评定专业技术职称。

第二十条 公共图书馆可以以捐赠者姓名、名称命名文献信息专藏或者专题活动。

公民、法人和其他组织设立的公共图书馆，可以以捐赠者的姓名、名称命名公共图书馆、公共图书馆馆舍或者其他设施。

以捐赠者姓名、名称命名应当遵守有关法律、行政法规的规定，符合国家利益和社会公共利益，遵循公序良俗。

第二十一条 公共图书馆终止的，应当依照有关法律、行政法规的规定处理其剩余财产。

第二十二条 国家设立国家图书馆，主要承担国家文献信息战略保存、国家书目和联合目录编制、为国家立法和决策服务、组织全国古籍保护、开展图书馆发展研究和国际交流、为其他图书馆提供业务指导和技术支持等职能。国家图书馆同时具有本法规定的公共图书馆的功能。

第三章 运 行

第二十三条 国家推动公共图书馆建立健全法人治理结构，吸收有关方面代表、专业人士和社会公众参与管理。

第二十四条 公共图书馆应当根据办馆宗旨和服务对象的需求，广泛收集文献信息；政府设立的公共图书馆还应当系统收集地方文献信息，保存和传承地方文化。

文献信息的收集应当遵守有关法律、行政法规的规定。

第二十五条 公共图书馆可以通过采购、接受交存或者捐赠等合法方式收集文献信息。

第二十六条 出版单位应当按照国家有关规定向国家图书馆和所在地省级公共图书馆交存正式出版物。

第二十七条 公共图书馆应当按照国家公布的标准、规范对馆藏文献信息进行整理，建立馆藏文献信息目录，并依法通过其网站或者其他方式向社会公开。

第二十八条 公共图书馆应当妥善保存馆藏文献信息，不得随意处置；确需处置的，应当遵守国务院文化主管部门有关处置文献信息的规定。

公共图书馆应当配备防火、防盗等设施，并按照国家有关规定和标准对古籍和其他珍贵、易损文献信息采取专门的保护措施，确保安全。

第二十九条 公共图书馆应当定期对其设施设备进行检查维护，确保正常运行。

公共图书馆的设施设备场地不得用于与其服务无关的商

业经营活动。

第三十条 公共图书馆应当加强馆际交流与合作。国家支持公共图书馆开展联合采购、联合编目、联合服务，实现文献信息的共建共享，促进文献信息的有效利用。

第三十一条 县级人民政府应当因地制宜建立符合当地特点的以县级公共图书馆为总馆，乡镇（街道）综合文化站、村（社区）图书室等为分馆或者基层服务点的总分馆制，完善数字化、网络化服务体系和配送体系，实现通借通还，促进公共图书馆服务向城乡基层延伸。总馆应当加强对分馆和基层服务点的业务指导。

第三十二条 公共图书馆馆藏文献信息属于档案、文物的，公共图书馆可以与档案馆、博物馆、纪念馆等单位相互交换重复件、复制件或者目录，联合举办展览，共同编辑出版有关史料或者进行史料研究。

第四章 服　　务

第三十三条 公共图书馆应当按照平等、开放、共享的要求向社会公众提供服务。

公共图书馆应当免费向社会公众提供下列服务：

（一）文献信息查询、借阅；

（二）阅览室、自习室等公共空间设施场地开放；

（三）公益性讲座、阅读推广、培训、展览；

（四）国家规定的其他免费服务项目。

第三十四条 政府设立的公共图书馆应当设置少年儿童

阅览区域，根据少年儿童的特点配备相应的专业人员，开展面向少年儿童的阅读指导和社会教育活动，并为学校开展有关课外活动提供支持。有条件的地区可以单独设立少年儿童图书馆。

政府设立的公共图书馆应当考虑老年人、残疾人等群体的特点，积极创造条件，提供适合其需要的文献信息、无障碍设施设备和服务等。

第三十五条　政府设立的公共图书馆应当根据自身条件，为国家机关制定法律、法规、政策和开展有关问题研究，提供文献信息和相关咨询服务。

第三十六条　公共图书馆应当通过开展阅读指导、读书交流、演讲诵读、图书互换共享等活动，推广全民阅读。

第三十七条　公共图书馆向社会公众提供文献信息，应当遵守有关法律、行政法规的规定，不得向未成年人提供内容不适宜的文献信息。

公共图书馆不得从事或者允许其他组织、个人在馆内从事危害国家安全、损害社会公共利益和其他违反法律法规的活动。

第三十八条　公共图书馆应当通过其网站或者其他方式向社会公告本馆的服务内容、开放时间、借阅规则等；因故闭馆或者更改开放时间的，除遇不可抗力外，应当提前公告。

公共图书馆在公休日应当开放，在国家法定节假日应当有开放时间。

第三十九条　政府设立的公共图书馆应当通过流动服务设施、自助服务设施等为社会公众提供便捷服务。

第四十条　国家构建标准统一、互联互通的公共图书馆数字服务网络，支持数字阅读产品开发和数字资源保存技术研究，推动公共图书馆利用数字化、网络化技术向社会公众提供便捷服务。

政府设立的公共图书馆应当加强数字资源建设、配备相应的设施设备，建立线上线下相结合的文献信息共享平台，为社会公众提供优质服务。

第四十一条 政府设立的公共图书馆应当加强馆内古籍的保护，根据自身条件采用数字化、影印或者缩微技术等推进古籍的整理、出版和研究利用，并通过巡回展览、公益性讲座、善本再造、创意产品开发等方式，加强古籍宣传，传承发展中华优秀传统文化。

第四十二条 公共图书馆应当改善服务条件、提高服务水平，定期公告服务开展情况，听取读者意见，建立投诉渠道，完善反馈机制，接受社会监督。

第四十三条 公共图书馆应当妥善保护读者的个人信息、借阅信息以及其他可能涉及读者隐私的信息，不得出售或者以其他方式非法向他人提供。

第四十四条 读者应当遵守公共图书馆的相关规定，自觉维护公共图书馆秩序，爱护公共图书馆的文献信息、设施设备，合法利用文献信息；借阅文献信息的，应当按照规定时限归还。

对破坏公共图书馆文献信息、设施设备，或者扰乱公共图书馆秩序的，公共图书馆工作人员有权予以劝阻、制止；经劝阻、制止无效的，公共图书馆可以停止为其提供服务。

第四十五条 国家采取政府购买服务等措施，对公民、法人和其他组织设立的公共图书馆提供服务给予扶持。

第四十六条　国家鼓励公民参与公共图书馆志愿服务。县级以上人民政府文化主管部门应当对公共图书馆志愿服务给予必要的指导和支持。

第四十七条　国务院文化主管部门和省、自治区、直辖市人民政府文化主管部门应当制定公共图书馆服务规范，对公共图书馆的服务质量和水平进行考核。考核应当吸收社会公众参与。考核结果应当向社会公布，并作为对公共图书馆给予补贴或者奖励等的依据。

第四十八条　国家支持公共图书馆加强与学校图书馆、科研机构图书馆以及其他类型图书馆的交流与合作，开展联合服务。

国家支持学校图书馆、科研机构图书馆以及其他类型图书馆向社会公众开放。

第五章　法律责任

第四十九条　公共图书馆从事或者允许其他组织、个人在馆内从事危害国家安全、损害社会公共利益活动的，由文化主管部门责令改正，没收违法所得；情节严重的，可以责令停业整顿、关闭；对直接负责的主管人员和其他直接责任人员依法追究法律责任。

第五十条　公共图书馆及其工作人员有下列行为之一的，由文化主管部门责令改正，没收违法所得：

（一）违规处置文献信息；

（二）出售或者以其他方式非法向他人提供读者的个人

信息、借阅信息以及其他可能涉及读者隐私的信息；

（三）向社会公众提供文献信息违反有关法律、行政法规的规定，或者向未成年人提供内容不适宜的文献信息；

（四）将设施设备场地用于与公共图书馆服务无关的商业经营活动；

（五）其他不履行本法规定的公共图书馆服务要求的行为。

公共图书馆及其工作人员对应当免费提供的服务收费或者变相收费的，由价格主管部门依照前款规定给予处罚。

公共图书馆及其工作人员有前两款规定行为的，对直接负责的主管人员和其他直接责任人员依法追究法律责任。

第五十一条 出版单位未按照国家有关规定交存正式出版物的，由出版主管部门依照有关出版管理的法律、行政法规规定给予处罚。

第五十二条 文化主管部门或者其他有关部门及其工作人员在公共图书馆管理工作中滥用职权、玩忽职守、徇私舞弊的，对直接负责的主管人员和其他直接责任人员依法给予处分。

第五十三条 损坏公共图书馆的文献信息、设施设备或者未按照规定时限归还所借文献信息，造成财产损失或者其他损害的，依法承担民事责任。

第五十四条 违反本法规定，构成违反治安管理行为的，依法给予治安管理处罚；构成犯罪的，依法追究刑事责任。

第六章　附　　则

第五十五条 本法自 2018 年 1 月 1 日起施行。

附录二

立法背景资料

关于《中华人民共和国公共图书馆法（草案）》的说明

——2017年6月22日在第十二届全国人民代表大会常务委员会第二十八次会议上

文化部部长　雒树刚

委员长、各位副委员长、秘书长、各位委员：

我受国务院委托，现对《中华人民共和国公共图书馆法（草案）》作说明。

公共图书馆是传承人类文明、传播先进文化、开展社会教育的重要场所，是公共文化服务体系的重要组成部分，对满足公民精神文化需求、提高公民科学文化素质和社会文明程度有重要作用。新中国成立后，尤其是改革开放以来，党中央、国务院高度重视公共图书馆事业发展，我国逐步建立起了国家、省、市、县四级公共图书馆系统。截至2015年底，我国共有政府设立的公共图书馆3139个，在民政部门登记的公民、企事业单位、社会团体或者其他组织设立的公共图书馆50个。公共图书馆通过开放公共空间设施场地，开展公益性讲座、培训，提供文献信息查询、借阅服务等，为我国公共文化服务体系和学习型社会建设作出了重大贡献，但与建设社会主义文化强国的要求还明显不相适应：一是公共图书馆的服务体系建设有待加强，布局有待优化；二是公共图书馆组织管理制度有待健全，有关管理要求需要明确；三是公共图书馆的服务功能和积极作用有待进一步发挥；四是各方力量共同参与公共图书馆事业的积极性有待进一步调动。为此，有必要加强顶层设计和制度建设，将公共图书馆事业发展纳入法治轨道。

为了切实解决上述问题，促进公共图书馆事业发展，文化部在深入调查研究、总结实践经验、广泛听取意见的基础上，起草了《中华人民共和国公共图书馆法（送审稿）》（以下简称送审稿）。法制办收到送审稿后，多次书面征求中央有关单位、地方政府及专家意见，并在互联网上向社会公开征求意见，到有关地方调研，会同文化部对送审稿反复研究、修改，形成了《中华人民共和国公共图书馆法（草案）》（以下简称草案）。草案已经国务院第169次常务会议讨论通过，主要内容包括：

一、加强公共图书馆服务体系建设

为了扩大和优化公共图书馆服务的有效覆盖范围，使更多人享受到公共图书馆服务，草案作了以下规定：一是县级以上人民政府应当将公共图书馆事业纳入本级国民经济和社会发展规划，将公共图书馆建设纳入城乡规划和土地利用总体规划，并加大对政府设立的公共图书馆的投入，将所需经费列入本级政府预算；二是公共图书馆服务网络建设应当坚持政府主导、社会参与，县级以上地方人民政府应当根据本行政区域内人口数量、人口分布、环境条件等因素，确定公共图书馆的数量、规模、结构和分布，加强固定馆舍和流动服务设施、自助服务设施建设；三是地方人民政府应当充分利用街道、乡镇和城乡社区的综合服务设施设立图书室，服务城乡居民。

二、健全公共图书馆运行管理制度

为了引导公共图书馆健康、规范发展，提升其社会效益，草案作了以下规定：一是设立公共图书馆应当具备相应条件；二是公共图书馆设立、变更、终止应当按照国家有关规定办理登记手续，并向馆址所在地省、自治区、直辖市人民政府文化主管部门备案；三是公共图书馆应当配备数量适当且具备一定专业知识与技能的工作人员，政府设立的公共图书馆馆长应当具备相应的条件；四是国家推动公共图书馆建立法人治理结构，建立健全有关组织管理制度，吸纳有关方面代表、专业人士和社会公众参与管理；五是公共图书馆应当根据办馆宗旨和服务对象的需求，广泛收集各类文献信息，并按照有关规定进行整理、保存、处置。

三、进一步发挥公共图书馆服务功能

为了明确公共图书馆应当承担的服务功能，提高公共图书馆服务水平，草案作了以下规定：一是政府设立的公共图书馆应当设置少年儿童阅览区域，配备专业人员对未成年人开展阅读指导和社会教育活动，有条件的地方还可以单独设立少年儿童图书馆；二是公共图书馆应当免费开展文献信息查询、借阅，公共空间设施场地开放，公益性讲座、培训、展览等活动，将推动、引导全民阅读作为重要任务；三是公共图书馆在国家法定节假日、公休日应当开放，应当向社会公告本馆的服务内容、开放时间、借阅规则；四是公共图书馆应当改善服务条件、提高服务水平，定期公告服务开展情况，听取读者意见，接受社会监督；五是政府设立的公共图书馆应当提供特殊群体服务、流动服务、自助服务、数字化服务等。

四、鼓励各方力量参与公共图书馆事业

为了进一步调动各方力量支持、参与公共图书馆事业发展的积极性，草案作了以下规定：一是政府按照国家有关规定对公民、企事业单位、社会团体或者其他组织设立的公共图书馆给予政策扶持；二是国家鼓励公民、企事业单位、社会团体或者其他组织依法向公共图书馆捐赠，并依照有关税收法律、行政法规规定给予税收优惠，境外自然人、法人和其他组织可以依照有关法律、行政法规采取捐赠方式参与我国境内公共图书馆建设；三是公民、企事业单位、社会团体或者其他组织设立的公共图书馆，在设立条件、专业技术人员职称评定、终止后财产处置、运行管理的基本要求等方面与政府设立的公共图书馆同等对待；四是公共图书馆可以依法以捐赠者姓名、名称命名文献信息专藏或者专题活动，公民、企事业单位、社会团体或者其他组织设立的公共图书馆，还可以依法以捐赠者的姓名、名称命名公共图书馆及其馆舍、其他设施；五是鼓励学校图书馆、科研机构图书馆及其他类型图书馆向社会公众开放。

此外，草案还对违反本法的行为规定了相应的法律责任。

《中华人民共和国公共图书馆法（草案）》以及上述说明是否妥当，请审议。

全国人民代表大会法律委员会关于《中华人民共和国公共图书馆法（草案）》审议结果的报告

全国人民代表大会常务委员会：

常委会第二十八次会议对公共图书馆法（草案）进行了初次审议。会后，法制工作委员会将草案印发各省（区、市）、部分设区的市、基层立法联系点和中央有关部门、单位等征求意见，并在中国人大网全文公布草案，征求社会公众意见。法律委员会、教育科学文化卫生委员会和法制工作委员会联合召开座谈会，听取部分全国人大代表和有关部门、专家、图书馆负责人等的意见。法律委员会、法制工作委员会还到一些地方调研，并就草案中的主要问题与有关部门交换意见，共同研究。法律委员会于9月29日召开会议，根据常委会组成人员的审议意见和各方面意见，对草案进行了逐条审议。教育科学文化卫生委员会、国务院法制办公室、文化部的负责同志列席了会议。10月17日，法律委员会召开会议，再次进行审议。法律委员会认为，为了促进公共图书馆事业发展，传承人类文明，保障公民基本文化权益，制定本法是必要的，草案经过审议修改，已经比较成熟。同时，提出以下主要修改意见：

一、草案第二条规定，本法所称公共图书馆，是指经依法登记设立并向社会公众免费开放的图书馆。有的常委委员、专家和社会公众提出，公共图书馆的定义应体现公共图书馆的基本功能；“依法登记”不属于公共图书馆的要素，并且在“设立”一章中已作了规定，没有必要在定义中强调。法律委员会经研究，建议将上述规定修改为：“本法所称公共图书馆，是指向社会公众免费开放，收集、整理、保存文献信息并提供查询、借阅及相关服务，开展社会教育的公共文化设施。”“前款规定的文献信息包括图书报刊、音像制品、缩微制品、数字资源等。”

二、草案第三条第二款中规定，公共图书馆应当“传播社会主义先进文化”。中央宣传部建议将上述规定修改为公共图书馆应当“传承发展中华优秀传统文化，弘扬革命文化，发展社会主义先进文化”。法律委员会经研究，建议采纳这一意见。

三、有些常委会组成人员和列席人员提出，公共图书馆要与互联网等现代技术相融合，加强数字化、网络化建设，为公众提供更便捷的服务，建议进一步充实相关内容。法律委员会经研究，建议增加以下规定：一是“国家鼓励和支持发挥科技在公共图书馆建设、管理和服务中的作用，推动运用现代信息技术和传播技术，提高公共图书馆的服务效能”。二是在总分馆建设中“完善数字化、网络化服务体系和配送体系”。三是“国家构建标准统一、互联互通的公共图书馆数字服务网络，支持数字阅读产品开发和数字资源保存技术研究，推动公共图书馆利用数字化、网络化技术向社会公众提供便捷服务”。

四、有的常委会组成人员提出，发展公共图书馆事业应注重结合各地实际情况，遵循因地制宜的原则，避免“一刀切”。法律委员会经研究，建议增加以下规定：一是县级以上地方人民政府应当“因地制宜”确定公共图书馆的数量、规模、结构和分布。二是县级人民政府应当“因地制宜建立符合当地特点的”总分馆制，“促进公共图书馆服务向城乡基层延伸。总馆应当加强对分馆和基层服务点的业务指导。”

五、有的常委委员、专家提出，国家图书馆不同于一般的公共图书馆，建议对国家图书馆有关职能作出专门规定。法律委员会经研究，建议增加规定：“国家设立国家图书馆，主要承担国家文献信息战略保存、国家书目和联合目录编制、为国家立法和决策服务、组织全国古籍保护工作、开展图书馆发展研究和国际交流、为其他图书馆提供业务指导和技术支持等职能。国家图书馆同时具有本法规定的公共图书馆的功能。”

六、有的常委会组成人员提出，一些地方的公共图书馆为了增加收入，将馆舍等出租用于商业经营活动，建议作出规范。有些常委委员提出，公共图书馆之间应当加强馆际交流。有些常委委员提出，应加强对公共图书馆馆内活动的管理，确保文化安全。有些常委委员建议对古籍保护和利用等作进一步具体规定。法律委员会经研究，建议增加以下规定：一是“公共图书馆的设施设备不得用于与其服务无关的商业经营活动”。二是“公共图书馆应当加强馆际交流与合作”。三是“公共图书馆不得从事或者允许其他组织、个人在馆内从事危害国家安全、损害社会公共利益和其他违反法律法规的活动”。四是政府设立的公共图书馆应当“根据自身条件采用数字化、影印或者缩微技术等推进古籍的整理、出版和研究利用”，并通过“公益性讲座”等方式，“加强古籍宣传”。

七、有些常委会组成人员提出，政府设立的公共图书馆应当为未成年人、老年人和残疾人等群体提供便利。有的常委委员提出，政府设立的公共图书馆利用自身资源优势，为国家法律法规和政策制定等提供文献信息服务和相关咨询服务，是其公共性的重要体现，建议增加相应规定。有的常委委员和社会公众提出，应当完善公共图书馆读者投诉反馈机制和服务质量考核制度，进一步提升公共图书馆的服务。法律委员会经研究，建议增加以下规定：一是政府设立的公共图书馆应当“为学校开展有关课外活动提供便利”，提供适合老年人、残疾人等群体需要的“无障碍”设施设备和服务等。二是“政府设立的公共图书馆应当根据自身条件，为国家机关制定法律、法规、政策和开展有关问题研究，提供文献信息和相关咨询服务”。三是公共图书馆应当“建立投诉渠道，完善反馈机制”。四是对公共图书馆的考核“应当吸收社会公众参与”，考核结果“作为对公共图书馆给予补贴或者奖励等的依据”。

八、草案第二十九条中规定，公共图书馆在国家法定节假日、公休日应当开放。有些常委委员、地方和社会公众提出，国家法定节假日不同于一般的公休日，建议对公共图书馆在法定节假日的开放时间问题规定得更灵活一些。法律委员会经研究，建议将上述规定修改为：“公共图书馆在公休日应当开放，在国家法定节假日应当有开放时间。”

此外，还对草案作了一些文字修改。

10 月 11 日，法制工作委员会召开会议，邀请部分全国人大代表、全国政协委员、专家和公共图书馆、主管部门等的代表就草案中主要制度规范的可行性、出台时机、实施的社会效果和可能出现的问题等进行评估。普遍认为，草案内容全面，针对公共图书馆事业发展中存在的问题，着力加强公共图书馆服务体系建设，明确政府责任，鼓励社会参与，健全相关管理制度，提高公共图书馆服务效能，对依法保障和促进公共图书馆事业发展具有十分重要的意义。草案经过修改，充分吸收了各方面意见，进一步增强了时代性和专业性，主要制度规范符合公共图书馆事业发展实际，具有较强的针对性和可操作性，已经比较成熟。目前制定出台本法，正当其时，有利于进一步加强公共文化服务体系建设，符合业界和公众期盼，建议尽快审议通过。与会人员还对草案提出了一些具体修改意见，法律委员会进行了认真研究，对有的意见予以采纳。

草案二次审议稿已按上述意见作了修改，法律委员会建议提请本次常委会会议审议通过。

草案二次审议稿和以上报告是否妥当，请审议。

全国人民代表大会法律委员会

2017 年 10 月 31 日

全国人民代表大会法律委员会关于《中华人民共和国公共图书馆法（草案二次审议稿）》修改意见的报告

全国人民代表大会常务委员会：

常委会第三十次会议于 11 月 1 日上午对公共图书馆法（草案二次审议稿）进行了分组审议，普遍认为，草案充分吸收了各方面的意见，已经比较成熟，建议进一步修改后，提请本次会议通过。同时，有些常委会组成人员还提出了一些修改意见。法律委员会于 11 月 2 日上午召开会议，逐条研究了常委会组成人员的审议意见，对草案进行了审议。教育科学文化卫生委员会、国务院法制办公室、文化部的负责同志列席了会议。法律委员会认为，草案是可行的，同时，提出以下修改意见：

一、有些常委会组成人员提出，党的十九大报告对坚定文化自信，发展中国特色社会主义文化作了重要论述，建议根据十九大精神补充或者修改相关表述。法律委员会经研究，建议作以下修改：一是在草案第一条立法目的中增加“坚定文化自信”。二是将草案第三条第二款中的“弘扬革命文化”修改为“继承革命文化”。

二、草案二次审议稿第二十六条规定，出版单位应当按照国家有关规定向国家图书馆送交正式出版物。有的常委委员提出，为了加强对文献信息的收集保存，出版单位除了向国家图书馆送交外，还应向所在地省级公共图书馆交存正式出版物，建议增加相应规定。法律委员会经研究，建议将上述规定修改为：“出版单位应当按照国家有关规定向国家图书馆和所在地省级公共图书馆交存正式出版物。”

三、有的常委委员提出，公共图书馆向社会公众提供服务，应当体现平等、开放、共享的要求，建议增加相应规定。法律委员会经研究，建议增加规定：“公共图书馆应当按照平等、开放、共享的要求向社会公众提供服务。”

四、有的常委委员提出，推动、引导、服务全民阅读是公共图书馆的重要任务，建议增加促进全民阅读具体措施的规定。法律委员会经研究，建议增加规定：“公共图书馆应当通过开展阅读指导、读书交流、演讲诵读、图书互换共享等活动，推广全民阅读。”

五、有的常委委员提出，为进一步规范和维护公共图书馆秩序，保障广大读者享有良好的阅读环境，建议对读者提出相应要求。法律委员会经研究，建议增加规定：读者应当“自觉维护公共图书馆秩序”。

六、草案二次审议稿第四十八条规定了公共图书馆从事或者允许其他组织、个人在馆内从事危害国家安全、损害社会公共利益活动的法律责任。有的常委会组成人员提出，对上述违法行为，除追究公共图书馆的责任外，还应当追究有关责任人的责任。法律委员会经研究，建议增加“对直接负责的主管人员和其他直接责任人员依法追究法律责任”的规定。

此外，根据常委会组成人员的审议意见，还对草案二次审议稿作了一些文字修改。

在常委会审议中，有些常委会组成人员还对完善有关扶持政策、充分利用现有各类图书馆资源进一步提高图书馆服务水平和加大法律宣传力度等提出了一些具体意见。法律委员会经研究，建议有关方面在本法实施过程中，认真研究常委会组成人员的意见，抓紧制定完善有关配套规定，加大法律宣传力度，切实保障法律的贯彻执行。

草案建议表决稿已按上述意见作了修改，法律委员会建议本次常委会会议审议通过。

草案建议表决稿和以上报告是否妥当，请审议。

全国人民代表大会法律委员会

2017 年 11 月 4 日

附录三

相关法律和政策

中华人民共和国公共文化服务保障法

（2016年12月25日第十二届全国人民代表大会常务委员会第二十五次会议通过　2016年12月25日中华人民共和国主席令第六十号公布　自2017年3月1日起施行）

目　　录

第一章　总　　则

第一条　为了加强公共文化服务体系建设，丰富人民群众精神文化生活，传承中华优秀传统文化，弘扬社会主义核心价值观，增强文化自信，促进中国特色社会主义文化繁荣发展，提高全民族文明素质，制定本法。

第二条 本法所称公共文化服务，是指由政府主导、社会力量参与，以满足公民基本文化需求为主要目的而提供的公共文化设施、文化产品、文化活动以及其他相关服务。

第三条 公共文化服务应当坚持社会主义先进文化前进方向，坚持以人民为中心，坚持以社会主义核心价值观为引领；应当按照“百花齐放、百家争鸣”的方针，支持优秀公共文化产品的创作生产，丰富公共文化服务内容。

第四条 县级以上人民政府应当将公共文化服务纳入本级国民经济和社会发展规划，按照公益性、基本性、均等性、便利性的要求，加强公共文化设施建设，完善公共文化服务体系，提高公共文化服务效能。

第五条 国务院根据公民基本文化需求和经济社会发展水平，制定并调整国家基本公共文化服务指导标准。

省、自治区、直辖市人民政府根据国家基本公共文化服务指导标准，结合当地实际需求、财政能力和文化特色，制定并调整本行政区域的基本公共文化服务实施标准。

第六条 国务院建立公共文化服务综合协调机制，指导、协调、推动全国公共文化服务工作。国务院文化主管部门承担综合协调具体职责。

地方各级人民政府应当加强对公共文化服务的统筹协调，推动实现共建共享。

第七条 国务院文化主管部门、新闻出版广电主管部门依照本法和国务院规定的职责负责全国的公共文化服务工作；国务院其他有关部门在各自职责范围内负责相关公共文化服务工作。

县级以上地方人民政府文化、新闻出版广电主管部门根据其职责负责本行政区域内的公共文化服务工作；县级以上地方人民政府其他有关部门在各自职责范围内负责相关公共文化服务工作。

第八条 国家扶助革命老区、民族地区、边疆地区、贫困地区的公共文化服务，促进公共文化服务均衡协调发展。

第九条 各级人民政府应当根据未成年人、老年人、残疾人和流动人口等群体的特点与需求，提供相应的公共文化服务。

第十条 国家鼓励和支持公共文化服务与学校教育相结合，充分发挥公共文化服务的社会教育功能，提高青少年思想道德和科学文化素质。

第十一条 国家鼓励和支持发挥科技在公共文化服务中的作用，推动运用现代信息技术和传播技术，提高公众的科学素养和公共文化服务水平。

第十二条 国家鼓励和支持在公共文化服务领域开展国际合作与交流。

第十三条 国家鼓励和支持公民、法人和其他组织参与公共文化服务。

对在公共文化服务中作出突出贡献的公民、法人和其他组织，依法给予表彰和奖励。

第二章 公共文化设施建设与管理

第十四条 本法所称公共文化设施是指用于提供公共文化服务的建筑物、场地和设备，主要包括图书馆、博物馆、文化馆（站）、美术馆、科技馆、纪念馆、体育场馆、工人文化宫、青少年宫、妇女儿童活动中心、老年人活动中心、乡镇（街道）和村（社区）基层综合性文化服务中心、农家（职工）书屋、公共阅报栏（屏）、广播电视播出传输覆盖设施、公共数字文化服务点等。

县级以上地方人民政府应当将本行政区域内的公共文化设施目录

及有关信息予以公布。

第十五条 县级以上地方人民政府应当将公共文化设施建设纳入本级城乡规划，根据国家基本公共文化服务指导标准、省级基本公共文化服务实施标准，结合当地经济社会发展水平、人口状况、环境条件、文化特色，合理确定公共文化设施的种类、数量、规模以及布局，形成场馆服务、流动服务和数字服务相结合的公共文化设施网络。

公共文化设施的选址，应当征求公众意见，符合公共文化设施的功能和特点，有利于发挥其作用。

第十六条 公共文化设施的建设用地，应当符合土地利用总体规划和城乡规划，并依照法定程序审批。

任何单位和个人不得侵占公共文化设施建设用地或者擅自改变其用途。因特殊情况需要调整公共文化设施建设用地的，应当重新确定建设用地。调整后的公共文化设施建设用地不得少于原有面积。

新建、改建、扩建居民住宅区，应当按照有关规定、标准，规划和建设配套的公共文化设施。

第十七条 公共文化设施的设计和建设，应当符合实用、安全、科学、美观、环保、节约的要求和国家规定的标准，并配置无障碍设施设备。

第十八条 地方各级人民政府可以采取新建、改建、扩建、合建、租赁、利用现有公共设施等多种方式，加强乡镇（街道）、村（社区）基层综合性文化服务中心建设，推动基层有关公共设施的统一管理、综合利用，并保障其正常运行。

第十九条 任何单位和个人不得擅自拆除公共文化设施，不得擅自改变公共文化设施的功能、用途或者妨碍其正常运行，不得侵占、挪用公共文化设施，不得将公共文化设施用于与公共文化服务无关的商业经营活动。

因城乡建设确需拆除公共文化设施，或者改变其功能、用途的，应当依照有关法律、行政法规的规定重建、改建，并坚持先建设后拆除或者建设拆除同时进行的原则。重建、改建的公共文化设施的设施配置标准、建筑面积等不得降低。

第二十条 公共文化设施管理单位应当按照国家规定的标准，配置和更新必需的服务内容和设备，加强公共文化设施经常性维护管理工作，保障公共文化设施的正常使用和运转。

第二十一条 公共文化设施管理单位应当建立健全管理制度和服务规范，建立公共文化设施资产统计报告制度和公共文化服务开展情况的年报制度。

第二十二条 公共文化设施管理单位应当建立健全安全管理制度，开展公共文化设施及公众活动的安全评价，依法配备安全保护设备和人员，保障公共文化设施和公众活动安全。

第二十三条 各级人民政府应当建立有公众参与的公共文化设施使用效能考核评价制度，公共文化设施管理单位应当根据评价结果改进工作，提高服务质量。

第二十四条 国家推动公共图书馆、博物馆、文化馆等公共文化设施管理单位根据其功能定位建立健全法人治理结构，吸收有关方面代表、专业人士和公众参与管理。

第二十五条 国家鼓励和支持公民、法人和其他组织兴建、捐建或者与政府部门合作建设公共文化设施，鼓励公民、法人和其他组织依法参与公共文化设施的运营和管理。

第二十六条 公众在使用公共文化设施时，应当遵守公共秩序，爱护公共设施，不得损坏公共设施设备和物品。

第三章 公共文化服务提供

第二十七条 各级人民政府应当充分利用公共文化设施，促进优秀公共文化产品的提供和传播，支持开展全民阅读、全民普法、全民健身、全民科普和艺术普及、优秀传统文化传承活动。

第二十八条 设区的市级、县级地方人民政府应当根据国家基本公共文化服务指导标准和省、自治区、直辖市基本公共文化服务实施标准，结合当地实际，制定公布本行政区域公共文化服务目录并组织实施。

第二十九条 公益性文化单位应当完善服务项目、丰富服务内容，创造条件向公众提供免费或者优惠的文艺演出、陈列展览、电影放映、广播电视节目收听收看、阅读服务、艺术培训等，并为公众开展文化活动提供支持和帮助。

国家鼓励经营性文化单位提供免费或者优惠的公共文化产品和文化活动。

第三十条 基层综合性文化服务中心应当加强资源整合，建立完善公共文化服务网络，充分发挥统筹服务功能，为公众提供书报阅读、影视观赏、戏曲表演、普法教育、艺术普及、科学普及、广播播送、互联网上网和群众性文化体育活动等公共文化服务，并根据其功能特点，因地制宜提供其他公共服务。

第三十一条 公共文化设施应当根据其功能、特点，按照国家有关规定，向公众免费或者优惠开放。

公共文化设施开放收取费用的，应当每月定期向中小学生免费开放。

公共文化设施开放或者提供培训服务等收取费用的，应当报经县级以上人民政府有关部门批准；收取的费用，应当用于公共文化设施的维护、管理和事业发展，不得挪作他用。

公共文化设施管理单位应当公示服务项目和开放时间；临时停止开放的，应当及时公告。

第三十二条 国家鼓励和支持机关、学校、企业事业单位的文化体育设施向公众开放。

第三十三条 国家统筹规划公共数字文化建设，构建标准统一、互联互通的公共数字文化服务网络，建设公共文化信息资源库，实现基层网络服务共建共享。

国家支持开发数字文化产品，推动利用宽带互联网、移动互联网、广播电视网和卫星网络提供公共文化服务。

地方各级人民政府应当加强基层公共文化设施的数字化和网络建设，提高数字化和网络服务能力。

第三十四条 地方各级人民政府应当采取多种方式，因地制宜提供流动文化服务。

第三十五条 国家重点增加农村地区图书、报刊、戏曲、电影、广播电视节目、网络信息内容、节庆活动、体育健身活动等公共文化产品供给，促进城乡公共文化服务均等化。

面向农村提供的图书、报刊、电影等公共文化产品应当符合农村特点和需求，提高针对性和时效性。

第三十六条 地方各级人民政府应当根据当地实际情况，在人员流动量较大的公共场所、务工人员较为集中的区域以及留守妇女儿童较为集中的农村地区，配备必要的设施，采取多种形式，提供便利可及的公共文化服务。

第三十七条 国家鼓励公民主动参与公共文化服务，自主开展健康文明的群众性文化体育活动；地方各级人民政府应当给予必要的指导、支持和帮助。

居民委员会、村民委员会应当根据居民的需求开展群众性文化体育活动，并协助当地人民政府有关部门开展公共文化服务相关工作。

国家机关、社会组织、企业事业单位应当结合自身特点和需要，组织开展群众性文化体育活动，丰富职工文化生活。

第三十八条 地方各级人民政府应当加强面向在校学生的公共文化服务，支持学校开展适合在校学生特点的文化体育活动，促进德智体美教育。

第三十九条 地方各级人民政府应当支持军队基层文化建设，丰富军营文化体育活动，加强军民文化融合。

第四十条 国家加强民族语言文字文化产品的供给，加强优秀公共文化产品的民族语言文字译制及其在民族地区的传播，鼓励和扶助民族文化产品的创作生产，支持开展具有民族特色的群众性文化体育活动。

第四十一条 国务院和省、自治区、直辖市人民政府制定政府购买公共文化服务的指导性意见和目录。国务院有关部门和县级以上地方人民政府应当根据指导性意见和目录，结合实际情况，确定购买的具体项目和内容，及时向社会公布。

第四十二条 国家鼓励和支持公民、法人和其他组织通过兴办实体、资助项目、赞助活动、提供设施、捐赠产品等方式，参与提供公共文化服务。

第四十三条 国家倡导和鼓励公民、法人和其他组织参与文化志愿服务。

公共文化设施管理单位应当建立文化志愿服务机制，组织开展文化志愿服务活动。

县级以上地方人民政府有关部门应当对文化志愿活动给予必要的指导和支持，并建立管理评价、教育培训和激励保障机制。

第四十四条 任何组织和个人不得利用公共文化设施、文化产品、文化活动以及其他相关服务，从事危害国家安全、损害社会公共利益和其他违反法律法规的活动。

第四章 保障措施

第四十五条 国务院和地方各级人民政府应当根据公共文化服务的事权和支出责任，将公共文化服务经费纳入本级预算，安排公共文化服务所需资金。

第四十六条　国务院和省、自治区、直辖市人民政府应当增加投入，通过转移支付等方式，重点扶助革命老区、民族地区、边疆地区、贫困地区开展公共文化服务。

国家鼓励和支持经济发达地区对革命老区、民族地区、边疆地区、贫困地区的公共文化服务提供援助。

第四十七条　免费或者优惠开放的公共文化设施，按照国家规定享受补助。

第四十八条　国家鼓励社会资本依法投入公共文化服务，拓宽公共文化服务资金来源渠道。

第四十九条　国家采取政府购买服务等措施，支持公民、法人和其他组织参与提供公共文化服务。

第五十条　公民、法人和其他组织通过公益性社会团体或者县级以上人民政府及其部门，捐赠财产用于公共文化服务的，依法享受税收优惠。

国家鼓励通过捐赠等方式设立公共文化服务基金，专门用于公共文化服务。

第五十一条　地方各级人民政府应当按照公共文化设施的功能、任务和服务人口规模，合理设置公共文化服务岗位，配备相应专业人员。

第五十二条　国家鼓励和支持文化专业人员、高校毕业生和志愿者到基层从事公共文化服务工作。

第五十三条　国家鼓励和支持公民、法人和其他组织依法成立公共文化服务领域的社会组织，推动公共文化服务社会化、专业化发展。

第五十四条　国家支持公共文化服务理论研究，加强多层次专业人才教育和培训。

第五十五条　县级以上人民政府应当建立健全公共文化服务资金使用的监督和统计公告制度，加强绩效考评，确保资金用于公共文化服务。任何单位和个人不得侵占、挪用公共文化服务资金。

审计机关应当依法加强对公共文化服务资金的审计监督。

第五十六条 各级人民政府应当加强对公共文化服务工作的监督检查，建立反映公众文化需求的征询反馈制度和有公众参与的公共文化服务考核评价制度，并将考核评价结果作为确定补贴或者奖励的依据。

第五十七条 各级人民政府及有关部门应当及时公开公共文化服务信息，主动接受社会监督。

新闻媒体应当积极开展公共文化服务的宣传报道，并加强舆论监督。

第五章 法律责任

第五十八条 违反本法规定，地方各级人民政府和县级以上人民政府有关部门未履行公共文化服务保障职责的，由其上级机关或者监察机关责令限期改正；情节严重的，对直接负责的主管人员和其他直接责任人员依法给予处分。

第五十九条 违反本法规定，地方各级人民政府和县级以上人民政府有关部门，有下列行为之一的，由其上级机关或者监察机关责令限期改正；情节严重的，对直接负责的主管人员和其他直接责任人员依法给予处分：

（一）侵占、挪用公共文化服务资金的；

（二）擅自拆除、侵占、挪用公共文化设施，或者改变其功能、用途，或者妨碍其正常运行的；

（三）未依照本法规定重建公共文化设施的；

（四）滥用职权、玩忽职守、徇私舞弊的。

第六十条 违反本法规定，侵占公共文化设施的建设用地或者擅自改变其用途的，由县级以上地方人民政府土地主管部门、城乡规划主管部门依据各自职责责令限期改正；逾期不改正的，由作出决定的机关依法强制执行，或者依法申请人民法院强制执行。

第六十一条　违反本法规定，公共文化设施管理单位有下列情形之一的，由其主管部门责令限期改正；造成严重后果的，对直接负责的主管人员和其他直接责任人员，依法给予处分：

（一）未按照规定对公众开放的；

（二）未公示服务项目、开放时间等事项的；

（三）未建立安全管理制度的；

（四）因管理不善造成损失的。

第六十二条　违反本法规定，公共文化设施管理单位有下列行为之一的，由其主管部门或者价格主管部门责令限期改正，没收违法所得，违法所得五千元以上的，并处违法所得两倍以上五倍以下罚款；没有违法所得或者违法所得五千元以下的，可以处一万元以下的罚款；对直接负责的主管人员和其他直接责任人员，依法给予处分：

（一）开展与公共文化设施功能、用途不符的服务活动的；

（二）对应当免费开放的公共文化设施收费或者变相收费的；

（三）收取费用未用于公共文化设施的维护、管理和事业发展，挪作他用的。

第六十三条　违反本法规定，损害他人民事权益的，依法承担民事责任；构成违反治安管理行为的，由公安机关依法给予治安管理处罚；构成犯罪的，依法追究刑事责任。

第六章　附　　则

第六十四条　境外自然人、法人和其他组织在中国境内从事公共文化服务的，应当符合相关法律、行政法规的规定。

第六十五条　本法自2017年3月1日起施行。

文化部　新闻出版广电总局　体育总局　发展改革委　财政部关于印发《关于推进县级文化馆图书馆总分馆制建设的指导意见》的通知

（2016 年 12 月 29 日　文公共发〔2016〕38 号）

各省、自治区、直辖市文化厅（局）、新闻出版广电局、体育局、发展改革委、财政厅（局），新疆生产建设兵团文化广播电视局、新闻出版局、体育局、发展改革委、财务局：

经国务院同意，现将《关于推进县级文化馆图书馆总分馆制建设的指导意见》印发给你们，请结合实际认真贯彻执行。

特此通知。

文化部

新闻出版广电总局

体育总局

发展改革委

财政部

2016 年 12 月 29 日

关于推进县级文化馆图书馆总分馆制建设的指导意见

推进以县级文化馆、图书馆为中心的总分馆制建设，是构建现代公共文化服务体系的重要任务，对于有效整合公共文化资源、提高公共文化服务效能、促进优质资源向基层倾斜和延伸具有重要的推动作用。近年来，地方各级人民政府和有关部门加大政策支持和资金投入力度，文化馆（站）、公共图书馆（室）设施网络不断完善，服务条件显著改善，但仍存在县级馆服务能力不强、县域内公共文化资源缺乏整合、城乡公共文化服务发展不均衡等突出问题。为推进县域公共文化资源共建共享和服务效能提升，促进县级文化馆、图书馆总分馆制建设，经国务院同意，现提出如下意见。

一、指导思想

全面贯彻落实党的十八大和十八届三中、四中、五中、六中全会精神，深入贯彻习近平总书记系列重要讲话精神和治国理政新理念新思想新战略，认真落实党中央、国务院决策部署，坚持以社会主义核心价值观为引领，坚持以人民为中心，以县为基本单位，以乡村为重点，以统筹发展、提高效能、促进均等为原则，推动具备条件的地方因地制宜推进县级文化馆、图书馆总分馆制建设，发挥县级总馆在县域公共文化建设中的中枢作用，通过分馆把优质公共文化服务延伸到基层农村，增加公共文化产品和服务供给，为更好地满足广大群众基本文化需求创造良好条件，提供有力保障。

二、基本原则

政府主导，统筹实施。发挥县级人民政府在总分馆制建设规划、组织和推进方面的统筹作用，优化县域公共文化资源配置，完善配套措施，鼓励社会参与，确保有序推进。

改革创新，提升效能。围绕建、管、用等关键环节，创新管理体制和运行机制，实现文化资源在县域内联动共享，做到物尽其用、人尽其才，发挥整体优势，提升综合效益。

强化基层，促进均等。以乡村两级为重点，以需求为导向，促进公共文化资源向基层特别是农村倾斜，增加基层公共文化资源总量，保障城乡群众普遍均等地享有基本公共文化服务。

实事求是，分类推进。坚持因地制宜、试点先行，根据东中西地区实际，稳步推进、分类指导，及时总结建设经验，发挥典型示范作用，探索具有不同区域特点的总分馆制。

三、工作目标

到2020年，全国具备条件的地区因地制宜建立起上下联通、服务优质、有效覆盖的县级文化馆、图书馆总分馆制，广大基层群众享受的基本公共文化服务内容更加丰富，途径更加便捷，质量显著提升，均等化水平稳步提高。

四、主要措施

（一）把总分馆制建设纳入现代公共文化服务体系。坚持政府主导，科学规划，由省级文化行政部门牵头，有关部门参与，统筹制定本地实施方案和建设规划，由县级人民政府具体组织实施。各地根据实际，综合考虑当地经济社会发展水平、自然条件、人口分布和文化基础等因素，合理确定总分馆的布局、规模和标准。已经实施总分馆制的地方，重在总结经验、完善制度和宣传推广；尚未实施但具备条件的地方，要借鉴成功经验，坚持试点先行，积极探索和选择适合本地实际的总分馆建设模式；暂不具备建设条件的地方，要采取有力措施，尽快达到建设总分馆制的基本要求。

（二）明确功能与运行机制。通过县级文化馆总分馆制，整合县域内群众文化艺术资源，加强对县域内文化活动、文艺创作、文艺辅导、送戏下乡、队伍培训以及演出器材设备调配等方面的统筹。通过县级图书馆总分馆制，整合县域内的公共阅读资源，实行总馆主导下的文献资源统一采购、统一编目、统一配送、通借通还和人员的统一培训。总馆对分馆的管理重在业务指导和资源调配。分馆按照总馆的工作安排和服务标准，面向基层群众提供与总馆水平相当的基本服务。有条件的地方可以探索总馆统一管理或参与管理各分馆人财物。

（三）因地制宜推进总分馆制建设。根据地方实际情况，在试点的基础上积极稳妥推进，主要依托县级文化馆、图书馆和乡镇（街道）综合文化站、村（社区）综合性文化服务中心等进行建设，符合条件的县级馆为总馆，在乡村两级基层综合性文化服务中心设置分馆。推动农家书屋与县级图书馆资源整合和互联互通，符合条件的农家书屋成为图书馆分馆。没有成为分馆的其他基层公共文化设施可以设立基层服务点，作为总分馆服务的补充和延伸。

（四）创新服务方式和手段。总馆和分馆要积极畅通群众文化需求反馈渠道，采取“订单”服务方式，实现供需有效对接。充分发挥互联网等现代信息技术优势，利用国家公共数字文化工程和资源，打造县域公共数字文化服务平台。充分利用流动舞台车、流动图书车等设施和手段，广泛开展流动文化服务，扩大公共文化服务的有效覆盖。

（五）引导社会力量参与总分馆制建设。鼓励具备条件的学校、科研机构、企业等的图书馆（室）、职工书屋、文化室等根据自身职能特点，在自愿原则下成为县级文化馆或图书馆的分馆。鼓励符合条件、具有资质的上网服务场所成为总分馆的基层服务点。鼓励企业、社会组织和其他社会力量，通过直接投资、赞助活动、提供产品和服务，以及采取公益创投、公益众筹等方式，依法依规有序参与总分馆制建设。有条件的地方可探索引入社会专业机构，采取委托管理或连锁运营的方式，通过专业化服务、科学化管理，做好总分馆日常管理运行。大力推进文化志愿服务，动员社会专业人士参与总分馆制管理运行。

（六）进一步健全城乡基层公共文化设施网络。按照填平补齐原则，继续推进县、乡、村三级公共文化设施网络建设。没有县级文化馆、图书馆或设施未达标的县级人民政府，根据实际需要进行必要的新建或改扩建，鼓励充分利用现有设施和资源进行改造。基层综合性文化服务中心建设和运营管理，要主动纳入县级文化馆、图书馆总分馆制统筹推进，优化资源配置，提高服务效能，推动县域内公共文化设施实现有效联通和全覆盖。

五、组织保障

（一）明确工作责任。各地要把建立县级文化馆、图书馆总分馆制作为加快构建现代公共文化服务体系的重要内容，纳入政府重要议事日程，明确时间表、路线图，加快推进实施。各级文化行政部门要加强与有关部门的统筹协调，推动工作开展，形成工作合力。各有关部门要积极配合，加强基层文化资源的共建共享。省级和设区的市级文化馆、图书馆要大力支持县级文化馆、图书馆总分馆制建设，加强业务指导。

（二）提供投入保障。各地要对本地区基本的公共文化设施建设给予支持，完善设施网络，为实施总分馆制提供必要的基础设施条件。地方各级财政部门要通过现有资金渠道，为总分馆制建设和运营中属于公共财政支持范围的事项提供必要的资金支持。鼓励县级文化馆、图书馆总馆在符合有关规定前提下，统筹利用有关资金渠道，按照规划目标统一采购、调配资源。各省（区、市）要对率先开展试点工作并取得积极成果的县（市、区）给予一定支持。

（三）加强队伍建设。各有关部门要在现有编制总量内，落实《国家基本公共文化服务指导标准》（2015—2020年）规定的乡镇（街道）综合文化站编制政策。根据总分馆的规模、服务人口和服务方式，统筹总馆、分馆的人员配置。加强对总分馆工作人员的培训、考核、管理。有条件的地区可通过政府购买服务方式，解决总分馆人员不足的问题。

（四）完善评估机制。地方各级人民政府要把县级文化馆、图书馆总分馆制建设情况纳入公共文化服务考核指标。县级文化行政部门负责对本县总分馆制建设和运行情况进行日常评估和考核，并积极推动考核结果与相关单位预算安排、收入分配和负责人奖惩挂钩。有条件的地方可引入第三方对总分馆服务效能开展公众满意度测评。

后 记

《中华人民共和国公共图书馆法》（以下简称公共图书馆法）已于2017年11月4日由第十二届全国人民代表大会常务委员会第三十次会议通过，自2018年1月1日起施行。公共图书馆法是我国图书馆领域的第一部全国性法律，是继《中华人民共和国公共文化服务保障法》颁布以来我国文化领域法治建设的又一重大突破。公共图书馆法的颁布实施，将为我国公共图书馆事业的发展、公共图书馆功能的发挥提供重要指导，为保障公民基本文化权益、提高公民科学文化素质和社会文明程度、传承人类文明、坚定文化自信提供强有力的法律保障。

为了推动公共图书馆法的宣传学习和贯彻落实，帮助读者准确理解法律条款，文化和旅游部公共服务司委托国家图书馆研究院牵头，组织图书馆领域相关专家编写了《中华人民共和国公共图书馆法学习问答》，供大家学习参考。

本书导读部分撰写的工作由韩永进同志牵头，申晓娟、李丹、张若冰、张孝天、刘宇初同志参与；第一章撰写的工作由柯平同志牵头，汪东波、申晓娟、贾东琴、李丹、张若冰、张孝天、刘宇初同志参与；第二章撰写的工作由冯守仁同志牵头，贾旭东同志参与；第三章撰写的工作由李国新同志牵头，方家忠、巫志南、范并思、彭琳彦、谭丽琼、陈丽纳、何虹同志参与；第四章撰写的工作由吴建中、陈力同志牵头，李东来、金武刚、张若冰、曲蕴、马春、蔡冰、钟敬忠、莫启仪、李晓辉同志参与；第五章和第六章撰写的工作由吕芳同志牵头，范并思同志参与；附录部分由国家图书馆研究院整理。全国人大教科文卫委员会委员韩永进，全国人大教科文卫委员会文化室朱兵、孙雷，文化和旅游部张永新、李宏、王建华、陈彬斌、白雪华，国家图书馆馆长饶权，对全书内容进行了审核；全国人大教科文卫委员会文化室温泉、李婧一，文化和旅游部政策法规司肖谋用，公共服务司王晓松、石钢斌、张剑、王珊珊、刘惟杰、吴潇潇、范世琦、荆倩金、杨腊，国家图书馆申晓娟、李丹、张若冰、张孝天负责全书统筹及最后的统稿工作并对相关条文解读提出了修改意见。

本书力求客观、准确地对法条进行解释，但因时间和水平有限，难免存在疏漏之处，敬请读者批评指正。

图书在版编目（CIP）数据

中华人民共和国公共图书馆法学习问答／《中华人民共和国公共图书馆法学习问答》编写组编著．—北京：中国法制出版社，2019．1

ISBN 978－7－5093－9817－3

Ⅰ．①中…　Ⅱ．①文…　Ⅲ．①公共图书馆－图书馆法－中国－问题解答　Ⅳ．①D922．165

中国版本图书馆 CIP 数据核字（2018）第 229676 号

策划编辑：谢　雯　　　责任编辑：谢雯　张海洋　　　封面设计：李　宁

中华人民共和国公共图书馆法学习问答

ZHONGHUA RENMIN GONGHEGUO GONGGONG TUSHUGUANFA XUEXI WENDA

编著/《中华人民共和国公共图书馆法学习问答》编写组

经销/新华书店

印刷/三河市紫恒印装有限公司

开本/880 毫米×1230 毫米　32 开　　　印张/8．25　字数/149 千

版次/2019 年 1 月第 1 版　　　2019 年 1 月第 1 次印刷

中国法制出版社出版

书号 ISBN 978－7－5093－9817－3　　　定价：38．00 元

北京西单横二条 2 号

邮政编码 100031　　　传真：010－66031119

网址：http：//www．zgfzs．com　　　**编辑部电话：010－66010405**

市场营销部电话：010－66033393　　　**邮购部电话：010－66033288**

（如有印装质量问题，请与本社印务部联系调换。电话：010－66032926）